Sandra Günther

Intelligent getrennt

Wie du dich rechtssicher und fair trennst, finanziell absicherst, Ärger vermeidest und deine Kinder schützt

SANDRA GÜNTHER

Intelligent getrennt

Wie du dich rechtssicher und fair trennst, finanziell absicherst, Ärger vermeidest und deine Kinder schützt

GOLDEGG

Bildrechte Autorenfoto: Thomas Witte, Witten
Bildrechte Umschlag: Kathrin Steigerwald, Hamburg unter Verwendung von Motiven Adobe Stock/anatolir, oksana kurnosova

ISBN: 978-3-99060-344-4

Unter den Linden 21 • D-10117 Berlin
Telefon: +49 800 505 43 76-0

Goldegg Verlag GmbH, Österreich
Mommsengasse 4/2 • A-1040 Wien
Telefon: +43 1 505 43 76-0

E-Mail: office@goldegg-verlag.com
www.goldegg-verlag.com

Layout, Satz und Herstellung: Goldegg Verlag GmbH, Wien
Printed in the EU

Inhaltsverzeichnis

§ Vom Herzflattern zum Herzschmerz

Wer kennt es nicht, dieses überwältigende Gefühl des Verliebtseins? Endorphine fahren Karussell in unserem Körper, die Nächte werden schnell zum Tag, wir haben keinen Hunger und die Welt ist einfach nur schön.

Ich liebe das Gefühl, verliebt zu sein, ich habe es immer geliebt und liebe es noch. Meine große Liebe lernte ich mit sechzehn Jahren kennen. Diesen Tag werde ich niemals vergessen. Das erste Mal traf ich ihn in einer Diskothek. Sein Lachen, seine Grübchen und seine schüchterne Art haben mich magisch verzaubert und in ihren Bann gezogen. Und dann diese Stimme – einfach unvergleichlich.

Wenn wir verliebt sind, dann wünschen wir uns, dass dieses Gefühl niemals aufhört, oder? Wir wollen, dass es ewig dauert – aber die Hochphase bleibt nicht für immer, wenngleich alles wie in einem Märchen beginnt, mit denen Mädchen von klein auf aufwachsen. Oft folgen eine romantische Verlobung, die klassische Hochzeit, bei der »der schönste Tag im Leben« gefeiert wird, die Zeit der Gemeinsamkeiten und Herausforderungen, in der das Traumhaus gebaut oder die liebevoll dekorierte Wohnung bezogen wird, die Aufregung, einem ersten Kind das Leben zu schenken und vielleicht zur Abrundung des Familienglücks der süße Hund oder ein Kätzchen. Alles scheint perfekt.

Und dann ist er plötzlich da, der gnadenlose Alltag, der sich in das Leben schleicht und alles unter sich begräbt. Jeder Tag scheint sich endlos zu wiederholen, geprägt von lähmenden Diskussionen und scheinbar unlösbaren Problemen. Die Kinder fordern unentwegt deine Nerven, der Hund muss regelmäßig Gassi gehen, und das Haus oder die finanzielle Situation werden zunehmend zu Schauplätzen heftiger, unschöner Auseinandersetzungen. Immer öfter fühlst du dich isoliert, unverstanden und nicht mehr wahrgenommen. Du verwandelst dich von der einst geliebten Partnerin in eine Hausfrau mit doppelter Belastung und Mental Overload. Dein Partner ist immer häufiger abwesend, schiebt Überstunden, verbringt scheinbar lieber Zeit mit seinen Freunden oder ist ständig auf Geschäftsreisen, die dir zunehmend Unbehagen bereiten. Und dann kommt dieser nagende Verdacht: Ist da vielleicht eine andere Frau im Spiel? Oder im nächsten Schritt sogar: Er kündigt an, dass er dich verlassen möchte.

Oder er ist der Typ Mann, der dir emotional zusetzt – er dich psychisch oder sogar physisch misshandelt –, und du hast Angst, dich von ihm abzugrenzen oder zu trennen?

Möglicherweise kannst du ihn auch nicht mehr sehen oder hören. Über die Jahre hat sich so viel angestaut, Verletzungen, Kränkungen, mühsame Wiederversöhnungen, Versprechen – und die gute Zeit dazwischen ist immer weniger geworden. Es nervt dich nur noch, wie er am Frühstückstisch isst, wie er geht oder wie er lacht.

Vielleicht aber ist dir auch einfach langweilig geworden, die Luft ist raus und die Begeisterung verflogen. Du hast vieles versucht, um der Beziehung noch eine Chance zu geben, aber sie entspricht nicht mehr dem, was du dir einst erhofft und gewünscht hast. Dein Leben nimmt eine neue Richtung, und vielleicht merkst du, dass er diese Entwicklung nicht mitgehen kann oder will. Es könnte sein, dass eure Wege sich auseinanderentwickeln und die gemeinsame Basis schwindet.

Eines wird dir in diesen Momenten klar: »Das ist nicht mehr das Leben, wie ich es mir vorstellte« oder: »Ich bin so verletzt, ich halte es nicht mehr aus.«

Du wachst auf und wirst aus einem scheinbar perfekten Leben hinausgeschleudert.

Die Stunde null beginnt. Ich begleite dich dabei.

Sandra Günther

Intelligent getrennt – wenn aus wir wieder ich wird

Es ist fast immer schlimm, wenn eine Beziehung zu Ende geht, zumindest in der akuten Phase, weil so viele Emotionen im Spiel sind. Verletzte Gefühle, enttäuschte Liebe, tiefe Kränkungen, verloren gegangenes Vertrauen, harte Streitigkeiten, Kinder, die involviert sind. Es fühlt sich ein bisschen so an, als sei der geliebte Mensch gestorben, mit diesem Vergleich schildern mir tatsächlich viele meiner Mandantinnen ihre Situation. Und ich kann mich in dieses Gefühl sehr gut hineinversetzen, weil ich selbst erlebt habe, dass ich einen geliebten Menschen für immer verliere. Bei mir war es ein schlimmer Motorradunfall, der meine Beziehung zu meiner großen Liebe brutal beendete und mich von ihm in physischer Hinsicht trennte. Es war, als wäre mir der Boden unter den Füßen weggerissen worden. Ich hatte wirklich das Gefühl, dass ein Teil von ihm mit mir gestorben ist. An dieses Gefühl denke ich noch heute mit viel Hochachtung zurück. Wir hatten Pläne, das Haus war eingerichtet, und wir wollten dort einziehen. Wir hatten so viel Hoffnung und Vertrauen in unsere Zukunft. Und mit meinem Mal, sozusagen von jetzt auf gleich, war alles anders.

Wenn eine Beziehung, in die wir all unsere Hoffnungen gesetzt haben, für die wir uns ein gemeinsames Leben ausgemalt haben, in oft leidvollen Schritten, Stück für Stück zu Ende geht – hinaus aus dem einst so sicheren Hafen der Ehe –, dann ist das wirklich damit vergleichbar, als wäre etwas in einem gestorben.

Viele meiner Mandantinnen beschreiben mir ihre Trennung in dieser Weise, dass sie es ein Stück weit wie »gestorben sein« empfinden. Die Trauer während oder nach einer Trennung ist meist sehr groß. Der Verlust wiegt schwer, frau weiß nicht wohin mit sich. Morgens aus dem Bett aufzustehen, ist eine Herausforderung, frau zweifelt an sich, an dem eigenen Verhalten, sie vermisst ihn, leidet, weint und sieht keinen Ausweg. Es ist ein schlimmer und trauriger Zustand, der einen zermürben kann. Wenn außerdem gemeinsame Kinder existieren, ist dies ein weiterer Faktor, der die Trennung erschwert. Vielleicht tritt sogar noch eine andere Frau ins Rampenlicht, die deinen Expartner zu den Umgangskontakten mit euren Kindern begleitet. Plötzlich bist du nicht mehr seine Nummer eins, sondern kommst dir vor wie abgelegt, wie ein schäbiger Mantel, der ein wenig in die Jahre gekommen ist.

Es kann auch in die andere Richtung laufen: Du möchtest dich trennen, weil du weißt, dass die Beziehung am Ende ist. Du hast alles probiert, aber nichts hat funktioniert, und nun bist du bereit, einen Schlussstrich zu ziehen. Schließlich hast du nur ein Leben und ein Recht auf dein Glück. Vielleicht mit einem anderen Mann oder mit einer Frau. Genug ist genug.

Eines ist klar: Du musst die Trennung erfolgreich überstehen. Dazu benötigst du Wissen.

Ich meine nicht das Wissen, das sich aus den Gesetzestexten des Bürgerlichen Gesetzbuchs ablesen lässt, sondern Wissen, das du direkt und unmittelbar anwenden kannst. Genau dafür habe ich dieses Buch geschrieben. Mit diesem Buch führe ich dich durch den Trennungsdschungel. Ich erkläre dir, wie eine Trennung ablaufen kann, was zu beachten ist, wie und wo es Geld gibt, was mit den Kindern zu regeln ist, wie die Möbel aufgeteilt werden und vieles mehr.

Intelligent getrennt

Weil viele Themen unterschiedliche Bereiche und Phasen einer Trennung berühren, kommt es im Buch bewusst zu Überschneidungen und auch zu Wiederholungen, die dir mühsames Blättern ersparen sollen, oder wichtige Grundsätze immer wieder in Erinnerung rufen sollen. Du findest die »Intelligent-getrennt-Tipps« ebenso wie Verweise auf Gesetzesstellen, die du nachschlagen kannst. Ich stelle dir alles zur Verfügung, was bei meinen Klientinnen oft zu Fragen führt. So bist du gut vorbereitet und kannst gezielt deine Trennungs- oder Scheidungssituation durchleuchten.

Mir ist wichtig, dass deine Trennung nicht irgendwie ablaufen soll. Denn gewöhnlich ist diese Situation ohnedies schon nervenaufreibend genug. Es geht darum, eine Basis für eine *faire Trennung* zu schaffen, die dich nicht mit Magenschmerzen, Herzflattern und Zukunftsängsten zurücklässt, sondern eine, die dir die Tür in ein neues Leben öffnet.

> Unter dem Slogan »intelligent getrennt« zeige ich dir, wie du dich fair und rechtssicher trennst.

Es soll nicht um Rache gehen, nicht um kleinliches »Heimzahlen« oder gar »Ausbluten lassen«, nicht darum, den anderen zu demütigen. Solche Ambitionen mögen da sein. Doch auf lange Sicht bringen sie dir nichts, glaub mir!

- Es geht darum, dass du trotz des Beendens einer Beziehung ein gutes Gefühl haben kannst.
- Es geht darum, dass du erkennst, was dir zusteht.
- Es geht darum, dass du nicht vorauseilend, um Streit zu vermeiden, auf etwas verzichtest.
- Es geht darum, dass du einen fairen Vertrag für die Zukunft bekommst.
- Es geht darum, dass du neu anfangen kannst.
- Es geht darum, dass du und eure gemeinsamen Kinder wieder inneren Frieden haben.
- Es geht darum, dass ihr vielleicht sogar nach einiger Zeit wieder zu einer freundschaftlichen neuen Basis finden könnt, wenn die Begleitumstände es erlauben.

Das ist dann »intelligent getrennt«: fair, mit Weitsicht, ohne Angst vor der Zukunft.

Emotionen, Schicksalsfragen und die richtige Strategie

Mein Name ist *Sandra Günther* und ich arbeite seit 2007 als Familienrechtlerin in meiner eigenen Kanzlei in Dortmund. Ich habe nahezu alles kennengelernt in meinem Berufsleben: Trauriges, Schauriges, Emotionales, Abgründiges, aber auch Lustiges und Pragmatisches. Meinen Berufsalltag bildet eine bunte Mischung aus Emotionen und Schicksalen.

> Die vordringlichste Aufgabe sehe ich darin, jeden Menschen, der zu mir zur Beratung kommt, genau an dem Punkt abzuholen, wo sie oder er gerade steht.

Das betrifft sowohl die juristische wie die psycho-emotionaler Ebene. Meine langjährige Berufserfahrung ermöglicht es mir, mich mit Menschen zu verbinden und relativ schnell ein Gefühl für mein Gegenüber zu entwickeln.

Meist kann ich hinter all den oft ausführlichen Schilderungen rasch erkennen, was die Mandantschaft braucht.

- Das erste Gespräch an meinem Beratungstisch: Eine Frau hat die Nase endgültig voll. Sie will die Scheidung, und am liebsten sofort. Vordringlich ist es, dass es schnell geht.
- Eine andere sitzt vor mir und ich kann ihren Ausführungen klar entnehmen: Sie liebt den Expartner noch abgöttisch, weiß aber, dass ein Zusammenleben aus verschiedensten Gründen nicht mehr funktioniert und möchte deshalb die Scheidung einreichen. Vordringlich ist, dass sie sich eine gute Basis schaffen kann, um ihn loslassen zu können.
- Eine wurde von ihrem Mann schon verlassen und er drängt nun selbst auf Scheidung. Vordringlich ist, dass trotz seines Drängens ein guter Plan für *ihr* weiteres Leben geschaffen wird.
- Eine andere Frau hat nach jahrelanger Ehe einen Mann kennengelernt und möchte klären, wie sie den Absprung schafft. Vordringlich ist, dass sie, auch wenn sie die Verlassende ist, eine faire Scheidung bekommt.

Oft ist es so, dass dritte Personen in die Beziehung eingedrungen sind bzw. dies von einer Seite der Eheleute zugelassen wurde. Es entsteht die *klassische Dreiecksbeziehung.*

Dies ist eine sehr belastende Situation und ein Schock, wenn sie es das erste Mal bemerkt. Die Betroffenen sitzen dann verzweifelt vor mir und wollen wissen, welche Schritte sie nun zu beachten haben. Sie wollen wissen, ob sie und die Kinder im ehelichen Haus bleiben dürfen und wo sie in Zukunft genügend Geld zum Leben herbekommen. Bei gemeinsamem Eigentum geht es auch stets um die Frage, wie die Vermögensauseinandersetzung geschieht und wer wen überhaupt auszahlen muss oder kann.

Viele Mandantinnen trauen sich nicht, sich zu trennen, da sie Angst davor haben, dass der Mann ihnen die *Kinder wegnehmen* könnte. Dieses Mittel wird immer wieder dazu genutzt, die Frau unter Druck zu setzen, um zu verhindern, dass sie endgültig den Schlussstrich zieht.

Wieder andere sind zwar emotional bereits seit Jahren getrennt, leben aber weiter innerhalb der Ehewohnung, und der Partner weigert sich, auszuziehen. Die gemeinsamen Kinder leiden in solchen Konstellationen häufig massiv unter den Streitigkeiten. Ich hatte mal eine Mandantin, die sich drei Jahre lang mit ihrem Mann bekriegt hat. Die Kinder waren damals fünf, sieben und zehn Jahre alt. Sowohl meine Mandantin als auch der Mann hatten sich jeweils Handys um den Hals gehängt, um den anderen auf Schritt und Tritt zu filmen und somit Beweise dafür zu sammeln, wer wo was falsch macht, schreit, schlägt oder sonstige Fehler begeht. Ich hatte mir einige Videos ansehen müssen und stellte fest, dass man beim Filmen des anderen über die spielenden Kinder gestiegen ist. Für die Kinder waren die Streitigkeiten offensichtlich so normal geworden, dass sie währenddessen scheinbar entspannt weitergespielt haben. Eine unmögliche Situation! Du kannst dir wohl vorstellen, was das für die Entwicklung der Kinder bedeutete. Egal wer von beiden nun dafür die »Schuld« trägt – aus Sicht des Paares natürlich jeweils der andere –, vordringlich war es natürlich im Interesse der psychischen Gesundheit aller, diesen Zustand zu beenden. Zuletzt wurde die

Wohnung im Rahmen eines Wohnungszuweisungsverfahrens meiner Mandantin und den Kindern zugewiesen.

Jeder Fall birgt seine eigene Herausforderung. Bei einem Paar sind Kinder vorhanden und Eigentum, bei anderen bestehen überhaupt keine diesbezüglichen Verpflichtungen. Manche Paare sind einander bereits spinnefeind, andere geben sich vernünftig, manche leiden still, andere können ihren Zorn kaum zügeln …

Du siehst, jeder Mensch, der vor mir sitzt, führt ein komplett anderes Leben. Deshalb ist es unheimlich wichtig, auf die jeweilige Geschichte der jeweiligen Mandantin einzugehen. Nur so kann ich die bestmögliche Strategie aufbauen, um sie zufriedenstellend zu betreuen, zu beraten und durch den Trennungsdschungel zu führen.

Überlege dir nun – und im Verlaufe des Buchs immer wieder –, in welcher Phase du dich in deiner Beziehung gerade befindest.

In diesem Buch lasse ich dich an meinen Erfahrungen aus siebzehn Jahren Berufsalltag teilhaben. Ich erzähle dir auch von Fällen und wie sie gelöst wurden, damit du siehst, dass du nicht allein bist und es für viele scheinbar ausweglose Situationen Wege gibt, die dir ein gutes neue Leben bieten können.

Nimm dieses Buch als deinen persönlichen Trennungskompass oder/und verschenke es an eine liebe Freundin, die gerade vor oder mitten in einer Trennung steckt.

Dieses Buch macht dich zur Expertin für deine eigene Trennungsgeschichte.

Es kann niemals schaden, einen Wissensvorsprung zu haben. Und wenn ich dir dabei helfen kann, habe ich mein Ziel erreicht.

Zerrissene Bande – was nun?

Seit 2007 begleite ich als Familienrechtlerin Menschen durch die unterschiedlichsten Trennungssituationen – und glaube mir, ich habe dabei so ziemlich alles gesehen. Von notorischen Fremdgängern über alkoholabhängige Gewalttäter bis hin zu übermäßig abhängigen Muttersöhnchen und zerrütteten Ehen, in denen selbst die sexuelle Orientierung eine überraschende Wende nahm – ich habe unzählige Beziehungen in ihrer schwierigsten Phase begleitet. Jede Trennung hat ihre eigene Dynamik, und nach all den Jahren weiß ich genau, wie vielfältig die Herausforderungen in solchen Situationen sein können.

> In diesem Buch stehen die Frauen im Mittelpunkt.

Dies übrigens natürlich nicht, weil Männer »böse« sind oder Frauen immer nur die Leidtragenden. Nein, da es die unterschiedlichsten Konstellationen gibt, gibt es auch die verschiedensten Charaktere, Gemeinheiten, Hilflosigkeit auf beiden Seiten. Auch Frauen können auf allen Ebenen mit harten Bandagen kämpfen, ich denke, da sind wir uns alle einig. Doch dieses Buch erschien mir im Zusammenhang mit dem Buch »*Wenn Liebe toxisch wird*«, das ich gemeinsam mit Ruth Marquardt geschrieben habe und bei dem es auch viel um körperlich gewalttätige Beziehungen geht, als logische Folge.

Was Frauen erleiden, wenn sich eine Trennung anbahnt, und damit meine ich die Monate oder Jahre vor der Trennung, mag man sich kaum ausmalen. Häufig sind es ja »nur« die kleinen Dinge, der graue Alltag, der Paare auseinanderdriften lässt. Zuerst geht die Aufmerksamkeit, dann der Respekt flöten, es schleicht sich ein unguter Ton ein, Sex wird zur Pflichtaufgabe, Streitigkeiten mehren sich, bis sie an der Tagesordnung sind oder in ein lautes und bedeutsames Schweigen übergehen. Wenn zusätzlich finanzielle Probleme, Sorgen mit Kindern oder zu pflegenden Verwandten auftreten, übernehmen Stress und Lieblosigkeit das ramponierte Beziehungsruder. In dieser Situation ist man besonders anfällig für Verführungskünste anderer oder gerät in einen Strudel aus Konflikten und Verletzungen, die alle Türen verschließen. Selbst Beziehungstherapien können verloren gegangenes Vertrauen dann nicht mehr retten.

Die Ausgangssituationen sind unterschiedlich. Ein typisches Trennungsszenario ist ein vorangegangener Betrug. Im Übrigen betrügen, wie wir wissen, natürlich auch Frauen ihre Männer, in diesem Buch liegt mein Fokus aber wie gesagt auf den Frauen.

Ich schildere dir einige Situationen, damit du ein besseres Gefühl dafür bekommst, dass du mit deiner Situation nicht allein bist. Es gibt praktisch nichts, was es nicht schon mal gegeben hat und keinen Grund, sich für eine Trennung zu schämen.

Eine Mandantin hatte zum Beispiel seit Monaten das Gefühl, dass sie von ihrem Mann mit einer anderen Frau betrogen wurde. Auf ihre Nachfrage antwortete er stets: »Du siehst Gespenster« oder »Du hast sie doch nicht alle«. Zu Weihnachten, am Heiligabend, verließ er meine Mandantin ohne jede Vorwarnung. Sie erhielt lediglich ein eine WhatsApp mit den Worten: »Ich lieb dich nicht mehr.«

Du kannst dir vorstellen, dass für meine Mandantin die Welt zusammengebrochen ist, oder? Sie lag wochenlang nur im Bett. Die Krönung war eine Rechnung, die meine Mandantin per Post zugestellt bekam. Sie war von einem Onlinesexshop und auf den Namen ihres Mannes ausgestellt. Auf der Rechnung wurde ein Spitzenhöschen in Größe 36 berechnet. Meine Mandantin war nicht diejenige, die Größe 36 trug und sie hat auch nie dieses Höschen erhalten.

Ich kann mich an eine andere Mandantin erinnern, die sich schlicht und ergreifend entliebt hatte. »Ich kann nicht einmal zuhören, wenn er spricht«, sagte sie bei unserem ersten Gespräch. Sexuelle Annäherungsversuche ekelten sie an. Sie wusste nicht, woran es lag. Sie hatte mit diesem Mann zwei gemeinsame Kinder, die damals noch minderjährig waren, und er liebte sie abgöttisch. Aber meine Mandantin, so hatte ich das Gefühl, lehnte ihr damaliges Leben total ab. Sie wollte frei sein, sich wieder neu verlieben, verreisen und sich selbst verwirklichen. Die Ehe kam ihr, wie sie sagte, wie ein Gefängnis vor. Letztlich wurde meine Mandantin vor dem Familiengericht geschieden und ist heute eine glückliche Frau. Sie ist wieder neu verliebt, in eine Frau.

Eine andere Mandantin lebte seit 13 Jahren mit ihrem Mann zusammen, verheiratet und ein Kind. Ein Eheleben fand aber schon seit Langem nicht mehr statt. Das Paar machte alles getrennt voneinander. Noch nicht einmal gemeinsame Musik wurde gehört. Fernsehabende verbrachte sie allein, während er früh schlafen ging. Tagein, tagaus dasselbe langweilige Leben. Eine Urlaubsreise sollte dann richten, was seit Jahren bereits kaputt war. Drei Tage nach der Urlaubsreise erschien meine Mandantin bei mir und teilte mir mit, dass sich beide dazu entschieden hatten, die Scheidung einzureichen. Heute ist das Paar glücklich geschieden. Beide haben die Scheidung nie bereut. Das Kind hält sich im Wechselmodell bei beiden zu gleichen Teilen auf.

Ein dramatisches Beispiel ist jenes einer Mandantin, die seit Jahren von ihrem Mann immer wieder geschlagen, angespuckt und beleidigt wurde. Mehrfach musste sie aufgrund erlittener Verletzungen ins Krankenhaus. Nebenbei hatte sie die Aufgabe, vor den gemeinsamen Kindern gute Miene zum bösen Spiel zu machen. In ihrer direkten Familie und ihrem nahen Umfeld fand sie keine Hilfe und schwieg über ihre problematische Ehe. Bis zu diesem Tag, an dem er sie so krankenhausreif geschlagen hatte, dass sie eine Hirnblutung erlitt. Das war zu viel. Meine Mandantin kehrte aus dem Krankenhaus nicht mehr in die eheliche Wohnung zurück, sondern begab sich in ein Frauenhaus. Von dort aus nahm sie Kontakt mit mir auf, da sie natürlich ihre beiden Kinder zu sich holen wollte, was wir mittels eines Umgangsverfahrens problemlos geschafft haben. In der Folgezeit erstatteten wir Strafanzeige wegen Körperverletzung und er wurde auch verurteilt. Falls du dich fragst, ob er meine Mandantin und vor allem die beiden Kinder, sechs und neun Jahre alt seinerzeit, jemals wiedergesehen hat? Er wollte tatsächlich Umgangskontakte einklagen, aber die Kinder wurden vom Richter angehört. Beide sprachen sich gegen Kontakte mit dem Vater aus, da beide bei diversen körperlichen Übergriffen gegen die Mutter zugegen gewesen waren. Sie hatten Angst vor ihrem Vater. Selbst ein Gutachter, der vom Familiengericht beauftragt worden war, kam zu keinem anderen Ergebnis, als Umgangskontakte zunächst einmal auszusetzen.

Ich erinnere mich an eine weitere Mandantin, die jahrelang darunter gelitten hatte, dass ihr Mann keinen Sex mehr von ihr wollte. Sie hatte alles versucht. Aber nein, im Ehebett herrschte Flaute. Lag es an ihr selbst, fragte sie sich, bin ich nicht sexy? Was braucht er? Irgendwann fand die Mandantin schließlich heraus, dass ihr Ehemann Frauenklamotten in seinem Kleiderschrank deponiert hatte und Stöckelschuhe in Größe 46. Was sie sicher wusste, war, dass sie Schuhgröße 37 hatte. Sie konfrontierte ihren Mann mit diesen Tatsachen, der ihr unter Tränen beichtete, dass er eine Vorliebe dafür habe, sich als Frau zu kleiden und auf Männer stehen würde. Diese Erkenntnis war hart, da meine Mandantin ihren Mann sehr geliebt hatte und sie die besten Freunde waren. Du kannst dir bestimmt vorstellen, wie schlimm so etwas zu verkraften ist. Im Ergebnis wurde nach vielen Tränen und einer Zeit der Trennung die Scheidung eingereicht, und heutzutage können die beiden wieder gute Freunde sein. Aber bis dahin war es ein steiniger Weg, voller Tränen, Schmerz, Wut und Verzweiflung.

Du hast dir ja nicht wegen meiner Beispiele dieses Buch gekauft, sondern du möchtest erfahren, wie Trennung vor sich gehen kann und was zu beachten ist. Mit diesen Beispielen möchte ich dir nur sagen – bevor ich weiter auf einzelne Trennungsgründe eingehen: *Es gibt immer eine Lösung.*

> Ganz gleich, in welch scheinbar ausweglosen Situation du dich befindest: Eine Trennung ist zwar das Ende einer Beziehung, aber auch ein Anfang für neue Selbstliebe und Zeit für persönliches Wachstum.

Sehen wir uns zunächst zwei grundlegende Möglichkeiten an, eine Scheidung einzuleiten, bevor wir uns Trennungsgründe von ehelichen und unehelichen Beziehungen ansehen. Und zuvor stelle ich dir noch ein paar Fakten vor.

Gut zu wissen – ein paar Fakten

In diesem Buch findest du immer wieder Verweise auf wichtige Gesetzesstellen, die du auch online nachschlagen kannst. Du musst keine Profi-Juristin sein, aber ein Grundwissen über die wichtigsten relevanten Fakten, Begriffe und Abkürzungen schadet nicht, damit du den Gesprächen besser folgen kannst.

Die Ehe ist im *Bürgerlichen Gesetzbuch (BGB)* und im *Grundgesetz (Art. 6 GG)* geregelt, wo ihr besonderer Schutz festgeschrieben ist. Früher spielte die Schuldfrage bei Scheidungen eine große Rolle, doch seit der Reform von 1977 ist das anders: Ehebruch oder andere Verfehlungen sind heute keine rechtlichen Scheidungsgründe mehr. Familiengerichte interessieren sich nur noch dafür, ob die Ehepartner mindestens ein Jahr getrennt leben und weiterhin geschieden werden wollen.

Obwohl häusliche Gewalt zunimmt, führt sie in der Regel nicht zu einer sofortigen Aufhebung der Ehe. 2022 gab es in Deutschland 240.547 Opfer häuslicher Gewalt – er Großteil davon Frauen. Dennoch bleibt das Trennungsjahr meist bestehen, selbst in solchen Fällen.

Krankhafte Eifersucht, Süchte oder getrennte Schlafzimmer sind heute ebenfalls keine anerkannten Scheidungsgründe mehr. Wichtig ist nur, dass das Trennungsjahr eingehalten wird und keine Versöhnungsversuche stattfinden.

Weitere gesetzliche Details findest du in den einzelnen Kapiteln.

Viele Jahre war das Eherecht und sich daran anknüpfendes Scheitern mit der Schuldfrage verknüpft. Diese Tatsache sorgt heute noch für verschiedene Missverständnisse, wenn Mandantinnen empört zu mir sagen: »Aber er ist doch schuld!« In der BRD ist seit dem 1. Juli 1977 durch die Reform des Ehe- und Familienrechts auch die Schuldfrage bei Scheidungen entfallen. Ehebruch ist somit kein Grund mehr für eine Scheidung. Ob jemand fremdgegangen ist oder nicht, ist vor deutschen Familiengerichten zumindest kein Thema mehr. Die Familienrichter stellen lediglich drei grundlegende Fragen im Scheidungstermin: Wann wurde geheiratet, wann hat man sich getrennt, und will man immer noch geschieden werden. Einzig und allein entscheidend ist somit nur noch, ob die Ehegatten seit längerer Zeit getrennt leben. Verstöße im Rahmen der Ehe sind ebenfalls im BGB geregelt. So ist zum Beispiel in § 1306 BGB das Verbot der Doppelehe, Bigamie, geregelt. Weitere Regelungen zu Verstößen innerhalb der Ehe sind beispielsweise in § 1579 BGB zu finden. So kann der Unterhaltsanspruch verwirkt sein, wenn der Unterhaltsberechtigte sich gegenüber dem Unterhaltspflichtigen eines Verbrechens oder eines schweren vorsätzlichen Vergehens schuldig gemacht hat. Im Jahr 2022 wurden in Deutschland durch richterlichen Beschluss rund 137.400 Ehen geschieden. Wie das Statistische Bundesamt (Destatis) mitteilt, sank die Zahl der Scheidungen gegenüber dem Vorjahr um knapp 5400 oder 3,8 %, nachdem sie im Vorjahr um 0,7 % zurückgegangen war, wie auf www.destatis.de zu lesen ist. Es gibt im BGB übrigens keine gesetzliche Regelung, die eine sofortige Eheaufhebung vorschreibt, wenn es sich um eine Gewaltbeziehung handelt. Dies obgleich die Fälle von häuslicher Gewalt steigen. Man möchte meinen, dass Gewalt in der Ehe das Trennungsjahr entfallen lässt. Dies ist in der Praxis aber die absolute Ausnahme. 2022 wurden, wie der Website www.bundesregierung.de zu entnehmen ist, demnach 240.547 Opfer von häuslicher Gewalt erfasst. Das sind 8,5 % mehr als noch im Jahr zuvor. Überwiegend betrifft es Frauen: 71,1 % der Opfer häuslicher Gewalt sind weiblich, während die Täter zumeist Männer waren (76,3 %). Wichtig zu wissen ist außerdem, dass Gründe wie krankhafte Eifersucht, Süchte im allgemeinen, Lethargie, sexuelle Unlust, getrenntes Schlafen keine rechtlich anerkannten Scheidungsgründe mehr sind, da es das

Schuldprinzip seit Juli 1977 in der BRD nicht mehr gibt. Im zwischenmenschlichen Bereich, somit zwischen den Betroffenen selbst, sind meist Ehebruch, somit Fremdgehen, Schulden, Stress, Alkohol, Drogenmissbrauch sowie Gewalt in der Ehe und allgemeines Auseinanderleben die häufigsten Gründe, weswegen es zu einer Scheidung kommt. Rechtlich betrachtet ist lediglich relevant, ob die Eheleute mindestens ein Jahr voneinander getrennt sind und die Trennung von Tisch und Bett vollzogen haben. Auch dürfen keinerlei Versöhnungsversuche während des Trennungsjahres stattgefunden haben. Weitere konkrete Hinweise auf Gesetze findest du jeweils gesondert in den Kapiteln.

Die einvernehmliche Scheidung

Die einvernehmliche Scheidung stellt mit 85,9 % die überwiegende Art von Scheidung dar. In diesen Fällen wurde die Scheidung von einer Seite beantragt und der andere Ehepartner hat zugestimmt. In 6,6 % der Fälle wurde die Scheidung von beiden Eheleuten beantragt, jedoch im Einvernehmen. In lediglich 3,9 % der Fälle lag eine streitige Scheidung vor. In diesen Fällen wollte ein Ehepartner die Scheidung nicht. Ohne Streit, ohne Schreien, ohne Weinen und ohne Vorwürfe. Das ist natürlich der Optimalfall. Es funktioniert aber meisten nur, wenn beide Ehepartner keine partnerschaftlichen Gefühle mehr füreinander hegen, aber noch freundschaftliche.

Häufig erlebe ich, dass die Eheleute, die sich einvernehmlich scheiden lassen, bereits eine neue Liebe gefunden haben. Aber auch hierbei ist es so, dass dann meistens beide wieder eine neue Liebe haben, und nicht bloß einer.

Was mir auffällt, ist, dass eine einvernehmliche Scheidung häufig dann funktioniert, wenn nicht viel oder gar kein Vermögen vorhanden sind.

Viele Streitigkeiten entstehen bei einer Trennung, wenn es um das liebe Geld geht. Niemand möchte benachteiligt sein.

Das ist verständlich. Geld ist nun mal eine wichtige Lebensgrundlage für jede von uns. Mit dem Ersparten sind auch viele Existenzängste und Sorgen für die Zukunft verbunden. Ein weiser Spruch sagt zwar »Besitz belastet«, aber wer lässt schon gerne und freiwillig alles zurück, was ihm das Leben rein finanziell leichter macht? Doch sich gütlich darüber zu einigen, spart eben nicht nur Nerven, sondern buchstäblich Geld, denn natürlich ist ein Streit vor Gericht teuer.

Intelligent getrennt

Bei einer einvernehmlichen Scheidung benötigst du lediglich einen Anwalt für dich und ihn gemeinsam. Dies ist ein Vorteil in finanzieller Hinsicht, denn die Anwaltskosten entstehen nur einmal. So könnt ihr euch die Rechtsanwaltskosten teilen.

Ich erlebe es immer wieder, dass sich Mandantinnen bei mir mit der Bitte melden, für sie gemeinsam die Scheidung durchzuführen. Ich kläre diese Mandantinnen dann darüber auf, dass dies möglich ist, wenn Einigkeit insgesamt besteht.

Damit ist gemeint, dass

- der Unterhalt geklärt ist,
- die Scheidungswilligen sich über den Umgang mit den gemeinsamen Kindern geeinigt haben und
- zugewinnrechtliche Ansprüche keine Rolle spielen.

Auch weise ich in derartigen Fällen immer darauf hin, dass der anwaltliche Vertrag, also das *Mandatsverhältnis*, nur mit einem Ehepartner möglich ist, ich jedoch für beide Ehepartner Ansprechpartnerin bin.

Was sagt das Gesetz?

Aus § 114 FamFG (dem Gesetz über das Verfahren in Familiensachen und in den Angelegenheiten der freiwilligen Gerichtsbarkeit) ergibt sich unterandерem, dass es der Vertretung durch einen Rechtsanwalt nicht bedarf, wenn es um eine Zustimmung zur Scheidung, eine Rücknahme des Scheidungsantrages oder den Widerruf der Zustimmung der Scheidung geht.

Die Tatsache, dass es möglich ist, ein Scheidungsverfahren mit nur einem Anwalt zu führen, beruht zumindest auch auf *§ 114 Abs 4 Nr. 3 FamFG*, da der andere Ehepartner, der keinen Anwalt beauftragt hat, lediglich seine Zustimmung zur Scheidung erteilen muss. Diese ist laut Gesetz ohne Anwalt möglich.

Wichtig ist, dass eine Scheidung nur beantragt werden kann, wenn das *Trennungsjahr* abgelaufen ist. Dies ergibt sich aus § 1565 sowie § 1566 BGB. Diese Normen resultieren aus dem Grundgesetz aus Art. 6 GG (Schutz der Ehe und Familie). Diesem Schutz trägt § 1565 BGB Rechnung, indem der Scheidung eben zunächst das Trennungsjahr vorgeschaltet ist. So haben Betroffene die Zeit, sich zu überlegen, ob sie die Scheidung wirklich wollen.

Was sagt das Gesetz?

Aus § 1565 II BGB ergibt sich: Leben die Ehegatten noch nicht ein Jahr getrennt, so kann die Ehe nur geschieden werden, wenn die Fortsetzung der Ehe fur den Antragsteller aus Gründen, die in der Person des anderen Ehegatten liegen, eine unzumutbare Härte darstellen würde.

In Ausnahmefällen kann auch sofort geschieden werden. Hierzu muss ein *Härtefall* vorliegen, wie etwa Morddrohungen durch einen der Ehepartner, Aufforderung zu sexuellen Perversionen gegen den Willen des Ehepartners, eine außereheliche Beziehung mit einer Schwangerschaft. Ein Trennungsjahr ist in diesen Fällen nicht nötig. § 1565 II BGB kommt aber in der Praxis selten zur Anwendung.

Zurück zur einvernehmlichen Scheidung. Wenn alles geklärt ist, diktiere ich gewöhnlicherweise den *Scheidungsantrag*. Viele glauben immer noch, dass der Scheidungsantrag die Gründe für die Scheidung enthalten muss. Das war vor langer Zeit mal so. Heutzutage ist dies zum Glück anders. Den Familienrichter interessiert lediglich, wann die Beteiligten geheiratet haben, wann sie sich getrennt haben und ob sie tatsächlich geschieden werden wollen.

Auch müssen gemeinsame, minderjährige Kinder in dem Scheidungsantrag mit Namen und Geburtsdatum erwähnt werden. Die Geburtsurkunde der gemeinsamen Kinder und die Heiratsurkunde müssen dem Scheidungsantrag beigefügt werden.

Wenn der Antrag diktiert und geschrieben ist, wird dieser dem Familiengericht übersandt; das Familiengericht sendet diesen zur Stellungnahme weiter an den Antragsgegner (den Ehepartner).

Vielleicht fragst du dich an dieser Stelle: »*Wie lange dauert es denn, bis ich dann geschieden bin?*« Ich sag es mal so: In aller Regel dauert ein Scheidungsverfahren ca. drei bis fünf Monate. Es hängt davon ab, ob – und wenn ja, wie schnell – die Versorgungsanwartschaften geklärt werden.

Was sagt das Gesetz?

Im *Versorgungsausgleichverfahren* werden die Rentenansprüche, die während der Ehezeit erwirtschaftet wurden, geklärt und aufgeteilt. Der Versorgungsausgleich ist im Versorgungsausgleichsgesetz geregelt, worauf § 1587 BGB verweist.

Je schneller die Formulare ausgefüllt und somit die Auskünfte erteilt und zum Familiengericht gesendet werden, desto schneller können die Konten geklärt und ein Scheidungstermin anberaumt werden.

Intelligent getrennt

Verzicht auf das Versorgungsausgleichsverfahren: Wenn ihr beide wechselseitig auf die Rentenpunkte des jeweils anderen verzichtet, ist das Scheidungsverfahren schneller durchführbar. Der Verzicht ist aber nur möglich, wenn die Ehezeit unter drei Jahren lag oder der Versorgungsausgleich notariell ausgeschlossen wurde.

Dazu müsste im Vorfeld eine notarielle *Scheidungsfolgenvereinbarung* abgeschlossen werden, in welcher auf die Durchführung des Versorgungsausgleichsverfahrens verzichtet wird.

Aber Achtung! Du musst dir sicher sein, dass es gerecht zugeht! Wenn du auf wesentlich mehr Anwartschaften verzichten würdest bzw. wenn dein Expartner in der Ehe wesentlich mehr verdient hat, dann würde ich nicht empfehlen, auf deine Anwartschaften zu verzichten.

Wenn alles geklärt ist, und die Auskünfte eingeholt wurden, vergibt das Familiengericht einen *Scheidungstermin.*

Denk bitte daran, eine kleine Flasche Sekt mitzunehmen, um anschließend anzustoßen! Du lachst? Ja, ich auch gerade, aber ich habe es tatsächlich sehr oft erlebt, dass Paare, die sich einvernehmlich haben scheiden lassen, im Anschluss an den Gerichtstermin angestoßen haben. Das ist natürlich Geschmackssache. Ich persönlich wäre nicht der Typ dafür.

Nun befindest du dich also mit deinem getrennt lebenden Expartner im Gerichtssaal. Ihr sitzt einander gegenüber und der Familienrichter eröffnet die Verhandlung.

Wenn es nichts weiter zu klären gibt, werden in der Regel immer vier Fragen an die Beteiligten, somit an ihn und dich, gestellt; die da wären:

- Wann haben Sie geheiratet?
- Wann haben Sie sich getrennt?
- Gab es Versöhnungsversuche?
- Wollen Sie nach wie vor geschieden werden?

Diese Fragen werden von den Beteiligten jeweils im Rahmen der persönlichen Anhörung selbst beantwortet. Dann wird der *Versorgungsausgleich* erörtert.

Der Versorgungsausgleich bezieht sich ausschließlich auf die Rentenanwartschaften, die während der Ehe erwirtschaftet wurden. Die Rententräger errechnen von Amts wegen auf Anfrage des Familiengerichts, wie hoch die jeweiligen Anwartschaften sind und teilen dies dann abschließend dem Familiengericht mit.

Wenn dagegen keine Einwände bestehen, wird im Nachgang der *Scheidungsbeschluss verkündet.* In Dortmund muss man sich dabei übrigens nicht einmal mehr erheben. In anderen Städten muss man es dagegen schon.

Übrigens: Wenn es sich um ein reines Scheidungsverfahren handelt, dann werden Angelegenheiten wie nachehelicher Unterhalt oder Zugewinnausgleich *nicht* erörtert.

Wenn du und dein Fast-Expartner die Scheidung mit *einem* Anwalt durchführt, kann im Scheidungstermin außerdem nicht auf die Einlegung von Rechtsmitteln verzichtet werden. Dies bedeutet, dass die *Scheidung erst in einem guten Monat rechtskräftig* wird. Aber dies ist für die meisten kein Problem. Wenn man es bis hierhin geschafft hat, ist ein einziger Monat ein Spaziergang, oder?

Der *Scheidungsbeschluss* wird dir über deinen Anwalt zugestellt. Dein Expartner erhält diesen über das Familiengericht. Wenn dein Expartner ebenfalls einen Anwalt hätte, würde ihm der Beschluss ebenfalls über den Anwalt zugestellt.

Und nicht vergessen: Bitte den Scheidungsbeschluss gut abheften, denn er ist ein wichtiges Dokument.

Du willst *wieder heiraten*? Dann musst du abwarten, bis der Scheidungsbeschluss rechtskräftig ist.

Übrigens kannst du auch deinen *Mädchennamen* erst wieder annehmen, wenn die Scheidung rechtskräftig ist. Dazu gehst du am besten zum Standesamt, legst deinen Scheidungsbeschluss vor und sodann wird das Erforderliche veranlasst. Aber Vorsicht: Den Nachnamen deiner Kinder kannst du nicht in deinen Mädchennamen umwandeln. Aber dieses Thema würde ein weiteres Buch füllen.

Die strittige Scheidung

Eine strittige Scheidung trägt schon im Namen, worum es geht: Es wird gestritten – und das oft sehr heftig! Wenn man selbst nicht betroffen ist, ist es ein Leichtes zu sagen: Einigt euch doch und lasst diese Streiterei, das schadet doch nur allen. Doch so leicht ist es eben nicht. Allein schon aus emotionalen Gründen kann einfach so viel schiefgegangen sein, so starke seelische Verletzungen vorliegen, die sich dann in wilden – und manchmal sogar nicht nachvollziehbaren oder irrationalen – Handlungen manifestieren.

Natürlich aber kann es rationale Gründe geben, die für eine strittige Scheidung sprechen, wenn zum Beispiel ein Ehepartner sich scheiden lassen möchte, der andere aber nicht. Des Weiteren kann eine strittige Scheidung eintreten, wenn sich die Ehepartner in den Folgesachen (Unterhalt, Zugewinnausgleich, Ehewohnung usw.) einfach nicht einigen können, sich also darüber streiten und es nicht mehr im einvernehmlichen Wege schaffen, die Situation beizulegen.

In der Folge kommt es dann zum Showdown vor Gericht und beide Partner beauftragen einen Anwalt, der die Anträge über die Folgesachen jeweils bei Gericht einreicht.

Was sagt das Gesetz?

In § 1565 Bürgerliches Gesetzbuch (BGB) wird klar definiert, dass eine Ehe dann als gescheitert angesehen werden kann, wenn die eheliche Lebensgemeinschaft nicht mehr besteht und nicht erwartet werden kann, dass diese wiederhergestellt wird.

Das klingt als Voraussetzung nun ja nicht sehr kompliziert. Allerdings kommt es vor, dass sich die Eheleute nicht mal darüber einig sind, ob die eheliche Lebensgemeinschaft noch besteht oder nicht. Da behauptet der Mann, man habe noch bis vor kurzer Zeit Sex gehabt, oder die Frau argumentiert mit einem gemeinsamen Urlaub, der erst vor einigen Monaten miteinander verbracht wurde. Ich habe mal erlebt, dass eine verletzte Ehefrau im gerichtlichen Termin eine Nachricht von ihrem Mann vorlegte mit dem Text: »Die letzte Nacht war so heiß mit dir.« Diese Nachricht war beim Gerichtstermin nur wenige Tage alt, sodass eine Scheidung natürlich nicht stattfinden konnte. Et voilà: Die strittige Scheidung ist vorprogrammiert.

Wenn einer der Eheleute dann beweisen kann, dass die eheliche Lebensgemeinschaft immer noch besteht oder vor kurzer Zeit bestanden hat, ist das Trennungsjahr nicht abgelaufen und somit keine Scheidung möglich. (Sofern keine Härtefälle vorliegen, die es natürlich auch geben kann ...)

Oft geht es natürlich auch einfach um das liebe Geld. Und einer – oder beide – fühlen sich vom anderen übervorteilt oder ungerecht behandelt. Wenn zugewinnrechtliche Fragen oder unterhaltsrechtliche Fragen zu klären sind, kann, wenn der gegnerische Anwalt einen entsprechenden Antrag stellt, das Zugewinnausgleichsverfahren mit dem Scheidungsverfahren verbunden werden und zu einer strittigen Scheidung kommen.

§

Was sagt das Gesetz?

Das Zugewinnausgleichsverfahren ist in § 1378 BGB geregelt: »Übersteigt der Zugewinn des einen Ehegatten den Zugewinn des anderen, so steht die Hälfte des Überschusses dem anderen Ehegatten als Ausgleichsforderung zu.«

Wenn Angelegenheiten, wie die Vermögensauseinandersetzungen, die Aufteilung der Möbel, Kontenklärungen, die Aufteilung von Schließfächern und vieles mehr nicht einvernehmlich geklärt werden, kann dies im Rahmen des Scheidungsverfahrens dazu führen, dass diese Angelegenheiten mit *anhängig gemacht werden*. Das Scheidungsverfahren wird dann derart nach hinten verzögert, dass Betroffene teils mehrere Jahre nicht geschieden werden können.

Es ist somit hilfreich, Angelegenheiten, die z. B. das Vermögen betreffen, im Vorfeld zu regeln. Insgesamt bietet dies nur Vorteile. Es spart Zeit, Nerven und insbesondere nicht unerhebliche Kosten. Streitet man sich etwa um eine Immobilie mit einem Wert von 800.000 €, dann ist der Verfahrenswert ebenfalls 800.000 €. Danach richten sich dann die Anwalts -und Gerichtsgebühren. Aber es liegt in der Natur der Dinge, dass es bei einer strittigen Scheidung eben *keine* Vereinbarungen gibt.

Eine strittige Scheidung kann aus nachvollziehbaren Gründen nicht mit nur einem Anwalt verhandelt werden, da die Interessen der Mandanten dann zu unterschiedlich sind.

In den folgenden Kapiteln findest du viele Informationen, die auch im Vorfeld einer einvernehmlichen Scheidung wichtig zu wissen sind. Viele Punkte betreffen explizit natürlich eine strittige Scheidung.

Getrennte Wege und ihre Vorzeichen

Immer wieder ist zu lesen, dass Menschen, Frauen und Männer, davon überrascht werden, dass einer von beiden »wie aus dem Nichts« das Ende der Beziehung erklären. Natürlich gibt es Fälle, in denen sich das genauso abspielt. Aber manchmal hätte man die Zeichen am Wege auch erkennen können. Vielleicht hat er oder sie nicht genau hingeschaut, kleine Hinweise verdrängt, sich davor gescheut, Probleme anzusprechen oder sich nicht getraut, rechtzeitig für sich selbst einzutreten. Irgendwann ist jedenfalls der Punkt erreicht, wo eine Umkehrung der Situation einem oder beiden nicht mehr möglich erscheint.

Häufige Begleiter von Trennungen sind außereheliche Beziehungen, fehlender Sex oder Lieblosigkeit, Streitigkeiten, finanzielle Konflikte oder auch Gewalt in der Ehe. Es lohnt sich also, aufmerksam zu sein und genau hinzusehen, was gerade passieren könnte. Und vielleicht bist du das gerade, weil du dieses Buch liest.

Trennung wegen Fremdgehen

Das leidige Thema Fremdgehen ist eines der häufigsten Trennungsgründe. Dies ist meine berufliche Erfahrung, die auch von verschiedenen Statistiken und Befragungen gestützt wird. Interessanterweise ist es oft nicht mal der einzelne Seitensprung, sondern eine längere Affäre oder wiederholte Seitensprünge, die schließlich der Beziehung den Garaus machen. Männer und Frauen bleiben sich da übrigens auch nichts schuldig.

Das Schlimme bei einer Beziehung, die auf Monogamie und Vertrauen aufgebaut ist, ist natürlich, dass dieses Vertrauen tief erschüttert wird. Es fühlt sich an wie Verrat. Dennoch sind die Grenzen dessen, was als Fremdgehen empfunden wird, äußerst unterschiedlich. Manche Menschen empfinden es bereits als Fremdgehen, wenn Männer anderen Frauen nachsehen oder beim Sex an eine andere denken, für andere ist es ein Kuss, bei anderen zählt erst der vollzogene Sexualakt. Eine Affäre unterscheidet sich vom viel zitierten Seitensprung dadurch, dass hier wiederholt dieselben Personen im Spiel sind.

Eine Studie von ElitePartner aus dem Jahr 2020 zeigt übrigens, dass die Beweggründe für Frauen vor allem waren, dass sie unglücklich in ihrer Beziehung waren, sie sich wieder begehrt fühlen und ihren Selbstwert steigern wollten, während bei Männern eher der Wunsch nach Abwechslung und der Reiz des Verbotenen eine Rolle spielten. Natürlich gilt dies nicht für alle Paare – es sind nur statistische Erhebungen. In deiner Beziehung kann es auch genau umgekehrt laufen.

§

Was sagt das Gesetz?

Zunächst einmal möchte ich an dieser Stelle festhalten, dass Fremdgehen nicht strafbar ist und im familienrecht-

> lichen Verfahren, zumindest was die Scheidung und deren Voraussetzungen anbelangt, keine Rolle spielt. Das oft zitierte *Verschuldensprinzip* gilt schon seit dem 1. 7. 1977 nicht mehr. Bis dahin war es tatsächlich relevant, welcher der beiden Eheleute gegen eine eheliche Pflicht verstoßen hat, um geschieden zu werden.
> Seit dem 1. 7. 1977 gilt jedoch das *Zerrüttungsprinzip*. Wer am Eheaus schuld ist, interessiert die Justiz seitdem nicht mehr.

Viele Mandantinnen und Mandanten, die dies nicht wissen, wundern sich darüber spätestens, wenn sie mit ihrem Aktenordner zum Gerichtstermin erscheinen, um nachzuweisen, welche Fehler der jeweils andere während der Ehezeit gemacht hat.

Gute Familienrichter holen die Betreffenden dann sanft auf den Boden der Tatsachen zurück. Richter, die einen schlechten Tag haben, können auch schon mal ruppig darauf reagieren und es kommt zu Aussagen, die brüskieren.

»Ihre Ehegeschichte interessiert hier nicht, und wir können und werden diese hier auch nicht aufarbeiten.«

Wenn es also irgendwie geht, rate ich dir, wenn du solch einen Ordner hast, diesen zu Hause zu lassen.

Wie du siehst, ist es also meistens nicht wichtig, ob Fremdgehen in der Ehe ein Thema war oder nicht. Allerdings kann es im Rahmen von unterhaltsrechtlichen Ansprüchen eine Rolle spielen und einen *Verwirkungstatbestand* erfüllen, wenn ein Ehepartner aus einer intakten Ehe immer wieder ausbricht und außereheliche Beziehungen pflegt.

Was sagt das Gesetz?

Die rechtliche Grundlage hierfür bieten § 1361 in Verbindung mit § 1579 BGB. Hiernach kann der Unterhaltsanspruch gegenüber dem Ehepartner ausscheiden.

Die Rechtsprechung fordert dabei jedoch, dass die Verfehlung bei Fremdgehen nennenswert ins Gewicht fallen muss, wie z. B. bei notorischen Fremdgehern. Auch die Dauer einer Ehe findet danach Berücksichtigung. Ein One-Night-Stand in einer über zwanzig Jahren bestehenden Ehe hat einen anderen Geschmack als eine längerfristige außereheliche Affaire in einer erst seit einigen Jahren bestehenden Ehe. Auch wenn das natürlich bei verschiedenen Menschen einen unterschiedlichen Grad der seelischen Verletzung und der Erschütterung des Vertrauens auslösen kann.

Oft deutet sich Untreue in vielerlei Hinsicht an. Zwar klingen einige dieser Hinweise vielleicht stereotyp, begleiten aber tatsächlich oft einen Seitensprung oder eine außereheliche Beziehung.

Selbstverständlich können sich auch völlig andere Gründe dahinter verstecken. Falls du dies aber gerade empört einbringen möchtest: Bitte bedenke, ich bin Rechtsanwältin und erzähle dir hier die Summe meiner langjährigen Erfahrung. Und viele Juristinnen bekommen einen recht analytisch-unromantischen Blick auf so manches …

Wenn du also einen Verdacht hegst, dann überprüfe, ob sich dein Partner verändert hat:

- *Er ist distanzierter:* Geht ein Mann auf Distanz zu seiner Partnerin, vermeidet körperliche Nähe, tiefe Gespräche und liebe Worte, ist das meistens ein Zeichen dafür, dass etwas nicht stimmt. Es kann sein, dass er Stress hat, eine persönliche Krise oder Kummer. Sehr gut möglich ist aber auch, dass er enge Begegnungen mit dir meidet, weil er dir gar nicht in die Augen schauen kann oder befürchtet, dass er sich verplappert. Zeit für die Frage: »Was ist denn los mit dir? Ich merke, dass du so distanziert und abwesend bist.« Leider nehmen das nicht alle Männer zum Anlass, die wahren Gründe für ihr Verhalten zu benennen. Aber wichtig ist die Rückmeldung: Ich merke, dass etwas nicht stimmt und fühle mich nicht gut damit. Danach ist er an der Reihe, sich zu erklären.

- *Der Sex wird weniger:* Früher hattet ihr immer viel und guten Sex und nun fasst er dich fast gar nicht mehr an? Er sagt, er sei zu müde oder er habe Probleme auf der Arbeit? Na ja. Hört ein Mann auf, mit seiner Frau zu schlafen, selbst wenn sie ihm deutlich attraktive Angebote in diese Richtung macht, ist das in der Regel immer bedenklich. Ob es an einer Affäre liegt, ist jedoch nicht eindeutig zu sagen. In der Summe der Betrachtung, also wenn mehrere der genannten Faktoren zusammenkommen, solltest du jedoch hellhörig werden.
  Mein Tipp an dich: Frag ihn aber nicht, ob er eine Affaire hat. Das bringt in der Regel nichts, da die meisten Männer in derartigen Situationen dazu neigen zu leugnen. Warum, fragst du dich? Sie wollen ihr Nest, das eheliche Zusammenleben nicht verlieren oder aufgeben. Sie wollen aber auch nicht die Affäre aufgeben. Schlicht und ergreifend wollen sie beides haben. Und wie bekommen sie das? Richtig, indem sie leugnen und dir sagen, es sei alles in Ordnung.
- *Er ist öfter weg als zu Hause:* Häufig berichten mir Mandantinnen, die betrogen wurden, dass er in den letzten Wochen oder Monaten weniger zu Hause war, Überstunden geschoben hat oder vermehrt im Fitnessstudio war. Auf den Punkt gebracht, er war überall, nur nicht bei der Frau und den gemeinsamen Kindern.

Derartige Vorfälle können drauf hindeuten, dass Treffen mit der Affäre mit Ausreden getarnt werden sollen. Tatsächlich läuft dies oft ganz »klassisch« ab. Eine Mandantin erzählte mir, dass sie eines Abends in der Firma ihres Mannes angerufen habe, um ihn zu sprechen. Dieser hatte sie eine halbe Stunde zuvor aus der Firma angerufen, um ihr mitzuteilen, dass er noch ein wichtiges Meeting in der Firma habe. Wie meine Mandantin von seiner Sekretärin erfuhr, gab es gar kein Meeting an diesem Tag und ihr Mann hatte zwei Stunden vor dem vorgeblichen Anruf bereits die Firma verlassen.

- *Er achtet wieder mehr auf sein Äußeres:* Er macht Sport, will abnehmen, rasiert sich die Schamhaare akkurater als sonst oder die Brust, was er sonst nicht tut, ändert seine Frisur, seinen Look ... Das macht er vielleicht, weil er sich vorher langweilig oder unmodern fand oder Angst hat, alt zu werden. Es ist aber auch gut möglich, dass er es macht, um einer anderen zu gefallen. Für wen er sich pflegt, kann man daran erkennen, wie er seine Frau teilhaben lässt. Ein Zeichen, dass er es für sich und seine Frau tut, sind Kommentare, mit denen er seine Frau miteinbezieht. Sätze wie: »Wie findest du das?« Oder: »Guck mal, das hab ich mir neu gekauft. Ist mal was ganz anderes als sonst.« Sagt er jedoch nichts und stolziert wie ein hormongeschwängerter Pfau aus der Tür: Vorsicht! Hier ist Misstrauen angebracht.
- *Er kauft sich neue Unterwäsche:* Neue und teure Unterwäsche sollten eine Frau dann misstrauisch machen, wenn der Partner vorher nie großen Wert auf so etwas gelegt hat. Hier heißt es abwägen: Erst mal so reagieren, als hätte er das getan, um sie selbst glücklich zu machen. Oder: Direkt fragen, was los ist. Zum Beispiel so: »Für wen legst du dich denn so ins

Zeug?« Das ist natürlich eine Provokation, die nur Aufschluss bringt, wenn man genau auf seine Reaktion achtet. Wird er rot, geht raus oder stammelt herum, ist das mehr als verdächtig. Hätte er ein reines Gewissen, würde er schließlich sagen: »Für dich mein Schatz. Ist doch klar.«

- *Er drückt Telefonate weg:* Früher hat er mit jedem vor dir telefoniert. Jetzt drückt er immer öfter Telefonate weg oder nimmt sie nicht an? Stellt sich die Frage: Was sollst du nicht hören? Reagiert er zudem hektisch, weil du sein Telefon in die Hand nimmst, pass gut auf, was sonst noch los ist. Privatsphäre ist zwar auch bei Paaren wichtig, und sein Telefon durchzuschnüffeln, nicht okay. Aber in Panik auszubrechen, wenn du mal rüberlinst, wer da anruft – das deutet auf schlechtes Gewissen oder Geheimnisse hin.
- *Er strahlt beim Lesen von Nachrichten:* Strahlt er beim Lesen von Nachrichten auf dem Handy? Bekommt er vermehrt Nachrichten am Morgen und Abend und kreist um sein Smartphone, um alles gleich zu sehen, was dort eingeht? Das machen Verliebte oder Männer, die heiß auf eine Frau sind. Bekommst du keine Nachrichten, die so ein Lächeln bei dir auslösen? Aber er tippt ständig irgendwas? Kein gutes Zeichen.
- *Er kauft Kondome:* Ich hatte mal eine Mandantin, die fünfzehn Jahre mit ihrem Mann verheiratet war und auf einmal, beim Wäschemachen, Kondome in der Hosentasche ihres Mannes gefunden hat. Eine Sache war ihr dabei definitiv klar: Sie war nicht diejenige, bei der ihr Mann die Kondome benutzte.
  Sie konfrontierte ihren Mann mit ihrem Fund. Dieses tat es ab mit den Worten: »Ich habe sie für einen Freund an mich genommen, da dieser nicht wollte, das seine Frau die Kondome findet, weil er eine Af-

faire hatte.« Ah ja, ist klar. Es stellte sich letztlich heraus, dass der Ehemann meiner Mandantin mit zwei Frauen parallel Sex hatte; dies hatte ein engagierter Detektiv im Nachhinein aufgedeckt.

- *Er hat ein neues Parfüm:* Wenn dein Partner plötzlich anders riecht und du einen neuen Duft im Badezimmer siehst, dann merkst du, dass er sich irgendwie verändert. Das muss natürlich nicht zwingend bedeuten, dass er eine andere hat. In der Summe der Betrachtung kann es aber möglich sein. Möglicherweise riechst du auch einen Frauenduft an seinen Klamotten oder sein Hemd ist mit Lippenstift verschmiert. Okay, ich muss zugeben, da ist es dann leider wahrscheinlich, dass eine andere Frau eine Rolle spielt.
- *Er hat kaum noch Augen für dich:* Du kannst machen was du willst, aber er nimmt dich als Frau in deiner vollständigen Blüte nicht mehr war? Er springt auf keine deiner Avancen, deiner Annäherungsversuche und Komplimente an und lacht auch nicht mehr über deine Witze? Er hört nicht mehr zu, was du sagst und wirkt abwesend? Auch dies kann ein Zeichen sein, dass bei ihm die Luft raus ist und er sich bereits eine neue Frau für schöne Stunden gesucht hat.

Wie gesagt, es sind alles nur mögliche Indizien, die Summe macht es in diesem Fall, es kann sein, muss aber nicht.

In diesem Zusammenhang möchte ich gerne ein heikles Thema ansprechen: »Darf ich meinen Mann am Handy heimlich tracken? Oder in GPS am Auto anbringen?«, fragen Frauen mich manchmal. Dazu möchte ich euch Folgendes sagen: Nicht! Das ist strafbar!

Immer häufiger installieren tatsächlich eifersüchtige oder misstrauische Partner Apps auf dem Handy des Partners, welche sie in die Lage versetzen, den SMS und WhatsApp-Verlauf sowie Fotos einzusehen.

Aus menschlicher Sicht ist das nachvollziehbar, diesen Wunsch nach Wahrheit zu hegen. Aber es ist eben auch strafbar. Hierauf stehen sogar bis zu drei Jahre Freiheitsstrafe oder Geldstrafe.

Was sagt das Gesetz?

Die Strafbarkeit ergibt sich aus dem § 238 StGB (Strafgesetzbuch). Das heimliche Überwachen der Zielperson mittels GPS am Auto fällt unter den Sammelbegriff *Stalking,* auch Nachstellung genannt. Das Strafgesetzbuch sieht für Nachstellung eine Freiheitsstrafe von bis zu drei Jahren oder Geldstrafe vor. Also Vorsicht! Lasst besser die Finger davon.

Auch das Ausspähen von Daten im Handy des Partners strafbar. Dieses sogenannte digitale Stalking fällt unter den Straftatbestand des § 202 a StGB.

Übrigens ist auch das Entsperren eines Handys ohne Einwilligung des Besitzers laut Bundesgerichtshof (BGH)strafbar. Ebenso ist das Eindringen in ein passwortgeschütztes E-Mail-Konto auch dann illegal, wenn das Passwort zufällig gefunden wurde.

Intelligent getrennt

Ich höre in der Praxis immer wieder, dass GPS-Geräte unter den Pkw geklebt werden. So haben Mandantinnen herausbekommen, wo sich ihr Mann auf-

> hält. Klar, es gibt diese Möglichkeit, und ja, ich fände es selbst auch reizvoll, zu solchen Mitteln zu greifen. Aber der BGH hat entschieden, dass eine heimliche Überwachung mithilfe von GPS grundsätzlich strafbar ist. Denkbar seien jedoch Ausnahmen. Zwar hat keine einzige meiner Mandantinnen eine Strafanzeige bekommen. Dies hat aber daran gelegen, dass keiner der Exmänner Strafanzeige erstattet hat. Du musst wissen, ob du das Risiko, angezeigt zu werden, eingehen möchtest. Ich kann es dir nicht raten.

Wenn du also merkst, dass dein Partner dich betrügt, solltest du in jedem Fall einen kühlen Kopf bewahren und ihn nicht zwingend in Kenntnis über dein Wissen über ihn setzen. Bleibe lieber cool. Kopiere eure wichtigsten Dokumente zu gemeinsamen Sparkonten, Wertpapieren, die Heiratsurkunde, die Geburtsurkunden der Kinder, Darlehensverträge usw.

Im Zweifel kann alles einmal wichtig sein. Wenn du die Dokumente alle vorliegen hast, kann dies dir und deinem späteren Rechtsanwalt möglicherweise helfen, deine Ansprüche durchzusetzen oder auch zeitnah einen Scheidungsantrag zu verfassen. Dies ist ohne Eheurkunde und Geburtsurkunden minderjähriger Kinder nämlich nicht möglich).

Trennung wegen Auseinanderleben

Sonja und Marc waren seit zehn Jahren zusammen. Sie hatten zwei Kinder, ein Haus und einen Hund. Eigentlich hätten sie glücklich sein können, aber Sonja hatte immer wieder das Gefühl, einsam zu sein. Irgendwann hielt sie es nicht mehr aus, diese ständigen leidenschaftslosen Tage, kein Funken mehr und nur noch Leere. Abend für Abend saß sie allein auf dem Sofa, Netflix inklusive. Marc dagegen mochte keine amerikanischen Serien oder Filme, hatte keine Leidenschaft für Musik; er war insgesamt interessenlos, und Sonja hatte langsam das Gefühl, neben ihm zu erfrieren.

Kennst du dieses Gefühl? Ich persönlich kenne es nur zu gut, da ich auch mal eine Beziehung geführt habe, in welcher wir zum Schluss nichts mehr gemeinsam hatten. Sogar im Bett lagen wir so voneinander getrennt, dass eine Wand aus Kissen zwischen uns liegen konnte. Ihm waren die Kissen wichtig. Mittlerweile lache ich darüber, aber damals war es einfach nur schrecklich.

Zurück zu Sonja und Marc. Sonja erschien eines Tages bei mir in der Kanzlei; sie erzählte mir, was geschehen war und wie sie sich fühlte, und wollte, dass ich nach Ablauf des Trennungsjahrs die Scheidung einleite. Als Marc damit konfrontiert wurde, war er total erstaunt und schockiert. Wir führten dieses Gespräch zu dritt in meiner Kanzlei. Sonja hatte mich darum gebeten. Marc konnte überhaupt nicht verstehen, warum Sonja die Scheidung wollte, es sei doch alles schön.

»Hääà? In welchem Film hat er über die Jahre mitgespielt?!«, fragte sich Sonja.

So ist es übrigens häufig. Frau und Mann erleben dieselbe Beziehung, jedoch völlig unterschiedlich. Was für die eine die Titanic ist, ist offensichtlich für den anderen das Traumschiff.

Trennung wegen ewiger Geldstreitigkeiten

Dieses Auseinanderleben entzündet sich häufig oft wegen andauernder Streitigkeiten um das Geld. In meiner beruflichen Praxis erlebe ich es immer wieder, dass Beziehungen des Geldes wegen auseinandergehen. Es geht häufig um übertriebenen Geiz, maßloses Geldausgeben, insgesamt nicht genug Geld haben oder das Separieren von Wertanlagen unter Ausschluss des Partners.

Mandantinnen bemängeln z. B., wenn sie bei mir am Beratungstisch sitzen, dass sie bereits seit Jahren unter dem Geiz des Partners gelitten haben, sie kaum Urlaub machen und sie nicht einmal miteinbezogen werden, wenn es um das Ansparen von Geld oder sonstiger finanzieller Angelegenheiten geht. Dass sie dauernd kontrolliert werden, was sie wofür ausgeben, oder ihn nicht dazu motivieren können, sich einfach auch mal großzügig zu zeigen. Es gibt sogar einige Frauen, die nicht einmal ein eigenes Konto haben, wenn sie das erste Mal bei mir sind.

Ich rate diesen Frauen dann stets, direkt ein eigenes Konto zu eröffnen und sich der finanziellen Thematik zu nähern. Dies ist wichtig für die Autonomie, wenn eine Scheidung ansteht. Man mag es kaum glauben, aber es gibt immer noch viele Ehen, in denen der Mann der Hauptverdiener ist und die Frau sich dem Heim und den Kindern hingibt. Sie hat maximal einen Teilzeitjob, wenn überhaupt. Dabei kritisiere ich nicht die Lebensweise, das mag jede für sich selbst entscheiden. Aber es kann sich als fatal erweisen, die Verantwortung für alles Finanzielle abzugeben. Über Geld muss frau sprechen! Wenn der Mann alles Finanzielle allein regelt, so rutscht die Frau in die finanzielle Abhängigkeit. Diese zieht oft nach sich, dass die Frau auch insgesamt ein Gefühl des Abhängigseins empfindet, ihr manchmal auch herb suggeriert wird, sie sollte ja den Mund nicht aufmachen, wenn ihr etwas nicht passt, da schließlich der Mann das Geld nach Hause bringt.

Diese Frauen sind dann, nachdem sie die Trennung eingeleitet haben und der Unterhalt fließt, überglücklich, endlich selbstständig über ihr Leben entscheiden zu dürfen, sich das Geld selbstständig einteilen zu dürfen.

Zu dem Thema gibt es noch das eigene Kapitel »Die Trennung und das liebe Geld« und ich komme auch in anderen Kapiteln immer wieder darauf zurück, weil es nun mal eine zentrale Bedeutung hat. Auch wenn Geld an sich nicht im Mittelpunkt einer Liebesbeziehung stehen sollte.

Trennung wegen der schwierigen Schwiegermutter oder: ein aussichtsloser Kampf mit dem Muttersöhnchen

Mütter sind wichtig. Punkt. Wenn du aber einen Partner hast, der immer noch überemotional abhängig von seiner Mutter ist und nicht gefestigt hinter dir steht, hast du ein Problem, denn: Die Mutter wird in eurer Beziehung immer mitmischen. Besonders, wenn »Er« ihr einziges Kind ist und sie keinen Partner mehr hat.

Ich habe häufig erlebt, dass Frauen zu mir kamen und sich darüber beklagten, dass ihr Partner nichts selbst entscheidet oder sich die Schwiegermütter in alles einmischen. Oft wird es besonders schwierig, wenn gemeinsame Kinder vorhanden sind und die Mutter des Partners sich über die Kinder in die Beziehung drängt. Insbesondere ist es in diesen Fällen meistens so, dass die Schwiegermutter aus Eifersucht und Selbstsucht Intrigen spinnt und manipulative Spiele spielt. (Bei alledem möchte ich natürlich betonen, dass es natürlich auch Probleme mit Schwiegervätern gibt, dass auch »ihre« Eltern ein Problem darstellen können und dass es natürlich viele liebe Schwiegermütter gibt – dann ist aber alles fein und es stört weder die Beziehung noch führt es zu Schwierigkeiten im Alltag.

In einem Extremfall verlangte eine einsame und auf den Sohn fixierte Mutter von ihrem Sohn etwa, dass er mit seiner Familie, somit mit meiner Mandantin und den gemeinsamen Kindern, zu ihr ins Haus zieht. Das wollte meine Mandantin natürlich auf keinen Fall. Die Probleme wären vorprogrammiert gewesen. Als die Mutter ihrem Sohn damit drohte, ihn zu enterben, wenn er nicht zu ihr ins Haus ziehe, eskalierte die Lage. Ein Drama bahnte sich an, welches letztlich in einer Scheidung mündete.

Ich denke, dass man den »Kampf« gegen eine übergriffige Schwiegermutter nur verlieren kann, wenn der Mann sich nicht eindeutig abgrenzt, sich nicht hinter seine Frau stellt und ihr den Rücken stärkt. Also schaue und eruiere vorher, wie dein potenzieller Partner zu seiner Mutter steht; prüfe, ob er eine innige, aber gesunde Beziehung zu seiner Mutter unterhält oder ob nicht.

Intelligent getrennt

Natürlich ist die »böse Schwiegermutter« kein rechtlich fixierter Scheidungsgrund im Sinne des Gesetzbuches, aber sie ist in der Praxis immer wieder ein Thema, sodass es mir wichtig war, euren Blick hierfür zu schärfen.

Viel machen kannst du gegen eine schwierige Schwiegermutter nichts, solange dein Mann sich von seiner Mutter nicht lösen kann und sie in eurer Ehe somit eine befremdlich tragende Rolle spielt. Ich rate ich dir: Nimm diesen Kampf nicht auf, denn du wirst ihn verlieren. Schlauer ist es, das Problem zu erkennen, Abstand zu gewinnen und sich somit rechtzeitig von diesem Mann zu lösen.

Trennung wegen sexueller Gesinnung – von hetero zu homosexuell

Du hast deinen Mann kennengelernt, dich verliebt, ihr habt geheiratet. Und plötzlich ist alles anders. Das habe ich selbst bei Mandantinnen schon erlebt; eine Trennung, weil der Partner »auf einmal« seine sexuelle Gesinnung geändert hat bzw. »gemerkt hat«, dass er auf Männer steht.

Ich erinnere mich an eine Mandantin, die bereits Monate vor dem Coming-out ihres Ehemannes bei mir war und sich darüber beklagte, dass er keine Nähe mehr zuließ und das Sexleben nicht mehr existent war. »Er ist ein toller Vater und mein bester Freund«, sagte sie damals, »aber sexuelle Energie spielt bei uns gar keine Rolle mehr.« Als sie wieder bei mir erschien, war sie verzweifelt und erzählte mir unter Tränen, dass er ihr gebeichtet habe, dass er gerne Frauenkleider trage und sich in seinen Arbeitskollegen verliebt habe. Sie wollten zusammenziehen. Für meine Mandantin war das natürlich ein Schock. Sie hatte große Probleme, sich mit der neuen Situation anzufreunden. Alles erschien ihr aussichtlos. Letztlich ist sie aber an dieser Situation sogar gewachsen, sie musste diese wohl oder übel akzeptieren, und ihr heutiger Exmann ist nun weiterhin ihr bester Freund. »In der schwierigsten Situation liegt immer eine Chance«, daran glaube ich fest.

Diesem für Frauen oft überraschenden »auf einmal« gehen in der Regel bei ihren Partnern natürlich lange Prozesse voraus. Ein Coming-out ist schwierig für die Betroffenen, auf mehreren Ebenen. Manche Partnerinnen fallen aus allen Beziehungswolken, andere haben es insgeheim schon geahnt. Jedenfalls ist es eine massive Erschütterung des Vertrauens. (Es würde das Buch hier sprengen, du findest im Anhang einen Link dazu, und wenn du danach googelst, siehst du, dass es eigene Beratung und spezialisierte Begleitung dafür gibt.)

Intelligent getrennt

Rein rechtlich ist es ja unerheblich, ob dein Mann schwul geworden ist oder ob er zu einer Frau eine außereheliche Beziehung pflegt. Denn wir wissen ja bereits, dass seit 1977 in Deutschland nicht mehr das Verschuldensprinzip gilt, sondern das Zerrüttungsprinzip. Mein Tipp für dich daher: Lecke deine Wunden und schau nach vorne. Ich sehe das pragmatisch, als Frau wegen eines anderen Mannes verlassen zu werden hat einen Vorteil: Bei einem Mann brauchst du dich niemals zu vergleichen, und du hast eine gute Chance darauf, deinen Mann dauerhaft als besten Freund in deinem Leben zu halten. Dies stellt für dich und die gemeinsamen Kinder einen hohen Mehrwert dar, oder?

Wenn dir selbst oder deiner Freundin oder auch einem Freund mit seiner Partnerin das passiert, dann sei versichert: Es ist nicht das erste Mal, dass das vorkommt, es ist kein Grund sich zu schämen und es hat nichts mit »Versagen« zu tun. Es ist lediglich das Ende der Beziehung, wie sie bis jetzt bestanden hat. Und es wartet dennoch viel Schönes im Leben. Jedem Ende wohnt ein Anfang inne …

Trennung wegen häuslicher Gewalt

Trennungen wegen häuslicher Gewalt treten in einer Vielzahl auf, so oft, dass ich tatsächlich in meinem beruflichen Alltag sehr häufig damit zu tun habe. Deshalb widme ich diesem unschönen Trennungsweg ein eigenes Kapitel.

Es gibt Männer, die gewalttätig werden, wenn sie Alkohol oder Drogen konsumieren. Es gibt Männer, die schlicht und ergreifend immer ein Aggressionsproblem und eine gestörte Impulskontrolle haben und zuschlagen. Es gibt aber auch Männer, die nicht zwingend zuschlagen, sondern in emotionaler Hinsicht misshandeln, indem sie die Frau verbal abwerten und sie beleidigen. (Und ja, natürlich mein Hinweis: Es gibt auch Frauen, die all das tun. Aber wir haben in diesem Buch ausdrücklich den Fokus darauf, was Frauen passiert.)

Eine meiner Mandantinnen hatte auf den ersten Blick alles: ein Haus, ein Kind, einen Hund und genügend Geld. Und natürlich einen Ehemann. Jeder, der sie kannte, dachte, sie würde den wahr gewordenen Traum leben. Als diese Mandantin in meiner Kanzlei vor mir saß, brach sie in Tränen aus. Sie erzählte mir, wie häufig sie über die Jahre vor der Trennung gedemütigt worden war. Ihr Mann schleuderte ihr regelmäßig Sätze entgegen, wie: »Du bist zu nichts zu gebrauchen« oder »Hör doch richtig zu, kannst du nicht zuhören?« oder »Du bist ja so lächerlich mit deiner Art und Weise.« Solche Sätze und noch weitere dieser Tonart prägten das Eheleben. Mit »normalen« Ehestreitigkeiten hatte das nichts mehr zu tun. Irgendwann hielt meine Mandantin es nicht mehr aus und leitete die Trennung ein.

Was ist Gewalt?

Du siehst, es muss nicht immer körperliche Gewalt sein, es gibt auch andere Formen der Gewalt. Zunächst einmal überlegen wir uns mal, was die Definition von Gewalt überhaupt ist:

Aus meiner Sicht gibt vier Arten von Gewalt, und zwar die

- *Körperliche Gewalt:* die Herbeiführung eines pathologischen Zustandes durch eine üble, unangemessene Behandlung seitens eines anderen.
- *Psychische Gewalt:* beschreibt alle Formen der emotionalen Schädigung und Verletzung einer Person. Dazu zählen Einschüchterungen, aggressives Anschreien, Verleumdungen, Drohungen und Demütigungen bis hin zu Psychoterror.
- *Sexualisierte Gewalt* und *sexualisierter Machtmissbrauch:* beschreiben Handlungen mit sexuellem Bezug ohne Einwilligung beziehungsweise Einwilligungsfähigkeit des Betroffenen. Dies sind insbesondere Delikte wie zum Beispiel sexuelle Nötigung, Vergewaltigung und sexueller Missbrauch von Kindern.

§

Was sagt das Gesetz?

Das Delikt der körperlichen Gewalt fällt unter die §§ 223 ff StGB (Strafgesetzbuch): »Wer einen anderen Menschen körperlich misshandelt oder an

der Gesundheit schädigt, wird mit Freiheitsstrafe bis zu 5 Jahren oder Geldstrafe bestraft.«
In extremen Fällen werden auch § 222 StGB (fahrlässige Tötung), § 212 StGB (Totschlag) sowie § 211 StGB (Mord) je nach Rechtslage als Tatbestand herangezogen werden.
Die psychische Gewalt kann in Gestalt einer Nötigung beispielsweise unter den § 240 StGB fallen oder bei Bedrohung unter § 241 StGB.
Aber auch die Nachstellung (§ 238 StGB) kann im Einzelfall eine erhebliche psychische Gewalt für das Opfer darstellen.
Die sexualisierte Gewalt, wie beispielsweise die Vergewaltigung, kann unter den § 177 StGB fallen und wird mit Freiheitsstrafe von sechs Monaten bis 5 Jahren geahndet.

Wie du siehst, hat Gewalt verschiedene Gesichter. Vielleicht findest du dich in deiner Situation darin wieder? Oder kennst du jemanden, der sich gerade in so einer Lage befindet? Dann lies unbedingt weiter!

Intelligent getrennt

Gewalt und toxische Beziehungen sind so ein weitverbreitetes Thema, dass ich mit Ruth Marquardt gemeinsam das Buch *»Wenn Liebe toxisch wird«* verfasst habe.

Hilf dir selbst mit einer polizeilichen Anzeige

Du willst nun wissen, wie es weitergehen kann, wenn du oder jemand, der dir nahesteht, einen Partner hat, der gewalttätig ist.

Häufig ist es so, dass Personen, die gewalttätige Übergriffe erleiden, Verletzungen aufweisen, und zwar sichtbare. Von Hämatomen im Gesicht und am Hals über Schürfwunden an Händen und Beinen und blauen Augen ist wirklich alles dabei.

Schäme dich nicht, wenn du Gewalt erfahren hast! Dafür gibt es keinen Grund.

Zuallererst braucht solch eine Situation den Mut, sich dazu zu entschließen, den oder die Vorfälle zur Anzeige zu bringen. Wenn du eine Person unterstützen möchtest, oder du selbst betroffen bist, dann sage ihr oder dir immer wieder: Egal, welche Begleitumstände es gibt, niemand hat das Recht, dich körperlich zu attackieren! Du hast ein anderes Leben verdient und das gibt es! Eine Strafanzeige kannst du kostenfrei in jeder Polizeidienststelle erstatten.

Intelligent getrennt

Gut ist es natürlich, wenn du, wenn du bei der Polizei Anzeige erstattest, bereits Beweismaterial mitbringst, wie zum Beispiel Fotos von den erlittenen Verletzungen, ärztliche Atteste sowie Droh-E-Mails oder Droh-SMS seitens des Schädigers.

Die Polizei legt nämlich eine *Ermittlungsakte* an und wird die von dir mitgebrachten Beweise in die Ermittlungsakte integrieren.

Du hast *Zeugen*, die gesehen haben, wie du verletzt wurdest? Dann benenne diese bei der Polizei mit Vor- und Nachnamen sowie ladungsfähiger Anschrift.

Ich weiß, dir kommen Zweifel und du weißt nicht, ob es richtig ist, deinen Partner anzuzeigen, schließlich habt ihr euch ja mal geliebt. Das verstehe ich gut, aber: Du musst nun an dich und eventuell an deine Kinder denken und an die Gefahr für euch, die von deinem Partner ausgeht.

Gewalt kann sogar tödlich enden! Dahinter muss nicht einmal Absicht stehen. Ich hatte mal eine Mandantin, die gestorben ist, da ihr Partner sie geschubst hat, und sie infolgedessen mit dem Kopf auf der Vitrine aufgeschlagen ist. Sie war sofort tot! Ein Drama für die gesamte Familie. Deswegen kann ich nur an dich appellieren, die Trennung zu forcieren, wenn du dich in einer gewaltgeprägten Beziehung befindest.

Wenn du Anzeige erstattet und nachgewiesen hast, dass dein Partner dir sehr wehgetan hat, wird die Polizei gegenüber deinem Partner in der Regel einen zehntägigen *Wohnungsverweis* aussprechen.

Die Polizei ist dazu berechtigt, die Person, von der die Gefahr ausgeht, aus der Wohnung und dem angrenzenden Bereich zu verweisen und die Rückkehr zu verbieten. Man nennt dies Rückkehrverbot. So haben und du und deine Kinder erst mal etwas Ruhe und Luft zum Durchamten. In diesen zehn Tagen kannst du dir überlegen, ob du deinen Partner nach Ablauf der zehn Tage wieder in die Wohnung lässt oder ob du dauerhaft die Trennung willst.

In der Regel beantrage ich für meine Mandantin eine *Verlängerung des Rückkehrverbotes gekoppelt mit einem Wohnungszuweisungsantrag* für die Dauer des Getrenntlebens.

§

Was sagt das Gesetz?

Die Vorschriften für den Erlass einer Gewaltschutzanordnung sind im sogenannten Gewaltschutzgesetz (GewSchG) geregelt – Gesetz zum zivilrechtlichen Schutz vor Gewalttaten und Nachstellungen. Du findest den Text dazu im Internet.

Habe keine Angst vor dem ersten Schritt! In der Regel hilft bereits ein Annäherungsverbot. Wenn der gewalttätige Ehepartner dann noch vor dem Familiengericht erscheinen muss, damit die Zuweisung der Ehewohnung geregelt wird, und der Sachverhalt zwischen euch unstreitig ist, dann reicht dieser Eindruck meist, sodass dauerhaft Ruhe einkehren kann.

Sicher, es gibt immer einige Wenige, die weiter weg ziehen müssen, um sich zu schützen. Aber dies ist die Ausnahme. Ich habe schon so viele Mandantinnen auf ihrem Weg aus einer wahren Ehehölle betreut und begleitet. Und zwar seit 2007. Die überwiegende Anzahl meiner Mandantinnen bzw. ehemaliger Mandantinnen lebt heute ein glückliches, freies und selbstbestimmtes Leben. Du musst nur den Mut haben, den ersten Schritt zu gehen, und dann immer weiter. Glaube mir, auch du kannst es schaffen, dich von deiner derzeitig möglicherweise belastenden Situation zu befreien.

Wohnungszuweisung bei Getrenntleben

Wenn dein Partner nun also für zehn Tage aus der Wohnung verwiesen wurde, solltest du schnellstmöglich einen *Wohnungszuweisungsantrag* beim Familiengericht stellen. So stellst du sicher, dass er auch nach Ablauf der Rückkehrverbotsfrist nicht wieder in die vormals ehelich bewohnte Wohnung zurückkehren kann. Beauftrage hierzu am besten einen Rechtsanwalt.

Wenn du nicht mit deinem Partner verheiratet sein solltest und du alleine im Mietvertrag stehst, dann darfst du ohnehin entscheiden, ob er wieder einziehen darf oder ob nicht. Wenn es seine Wohnung ist, dann wird sich dauerhaft auch dafür eine Lösung finden lassen. Es gibt immer einen Weg.

Ob verheiratet oder nicht: Viele Mandantinnen fragen mich und vor allem sich selbst, wo denn der Partner hin soll, wenn er nicht mehr in die Wohnung darf. Weißt du, was ich dann meistens antworte? »Ist das wirklich Ihre Baustelle?« Und die Antwort hierzu lautet: Nein, ist es nicht.

Aber klar, ich verstehe ja, man hat sich einmal geliebt oder liebt sich noch, man hat gemeinsame Kinder, ein Haus und eine Vergangenheit. Und natürlich ist es schwierig, an dieser Stelle hart zu bleiben und den Partner, der so oft gewalttägig war, nicht wieder in die Wohnung oder das Haus zu lassen.

Letztlich sollte jede aber daran denken, dass gewisse Verhaltensmuster sich nicht von jetzt auf gleich ändern und dies sollte Grund genug sein, Konsequenzen zu ziehen.

Es gibt nahezu für jeden Menschen Möglichkeiten, irgendwo unterzukommen. Sei es bei Freunden, bei der Familie, im Hotel oder indem ein kleines und günstiges Apartment angemietet wird. Also keine Sorge, auch dein Partner wird eine Lösung für sich finden.

Allerdings solltest du den Kindern erklären, dass alles gut wird und der Papa sich nun erst mal an einem anderen sicheren Ort aufhält. Je einfacher und gelassener es gegenüber den Kindern formuliert wird, desto einfacher und gelassener werden die Kinder es auffassen. Außerdem merken Kinder, dass Ruhe einkehrt, wenn nach einer problematischen Ehe mit Gewalt und sonstigen Streitereien endlich ein Schlussstrich gezogen wurde.

Intelligent getrennt

Wenn du zu denjenigen gehörst, die Bürgergeld beziehen oder du lediglich ein geringes Einkommen hast, dann gibt es die Möglichkeit, für das Verfahren *Verfahrenskostenhilfe* zu beantragen.

Hierzu habe ich in meiner Kanzlei die Vordrucke und gebe diese den Mandantinnen mit. Diese müssen das Formular ausfüllen und nebst Bescheid oder Einkommensnachweis unterzeichnet an uns zurücksenden. Die Kosten werden dann von der Landeskasse übernommen.

Aber auch diejenigen, die Selbstzahler sind, können aufatmen. Ein Gewaltschutzverfahren kostet keine Tausende von Euros, der Verfahrenswert ist gering sodass Betroffene in der Regel noch nicht einmal 1000 € für das Verfahren zahlen müssen. Wenn eine *Ratenzahlung* benötigt wird, so ist dies in unserer Kanzlei zumindest möglich. Ich kenne aber auch einige andere Rechtsanwälte, die eine Ratenzahlung nicht ablehnen. Wichtig ist es aber, dies im Vorfeld anzusprechen. Sprechenden Mandantinnen kann immer geholfen werden.

Im Wesentlichen sollte in einem solchen Verfahren nachgewiesen werden, dass ein weiteres Zusammenleben während der Trennungsphase eine *unbillige Härte* für dich und die Kinder darstellt. Bei nachgewiesener Gewalt ist dies meist kein Thema, da solche Anträge in aller Regel positiv beschieden werden.

Was sagt das Gesetz?

Eine *unbillige Härte* liegt dann vor, wenn schwere, dauerhafte Streitigkeiten vorliegen, die ein normales Zu sammenleben unmöglich machen. Diese

> Umstände müssen gravierend sein. Sie müssen insbesondere für gemeinsame Kinder belastend sein. »Normale« Streitigkeiten reichen für die Annahme einer unbilligen Härte nicht aus.

Wenn es schnell gehen soll mit der Entscheidung, dann sollte ein *Antrag auf Erlass einer einstweiligen Anordnung* beim Familiengericht gestellt werden. Wenn du einen Anwalt für Familienrecht beauftragst, solltest du diesen Begriff schon einmal gehört haben.

Das einstweilige Anordnungsverfahren ist ein schnelles Verfahren, in dem die vormals ehelich bewohnte Wohnung vorläufig zugewiesen wird, gerade wenn zum Beispiel die Zehn-Tages-Frist bei Wohnungsverweis bereits läuft. Im Optimalfall entscheidet das Familiengericht, dass du und die Kinder in der Wohnung oder in eurem Haus bleiben dürft und er gehen muss.

So, nun stehst du an dem Punkt, an dem du Strafanzeige erstattet hast und ihn der Wohnung verwiesen hast. Klasse, du bist zwei wichtige Schritte in die richtige Richtung gegangen.

Intelligent getrennt

Mehr dazu, wie es weitergeht mit der Wohnung, wer die Miete zahlt liest du in den Kapiteln ab Seite 113.

Muss ich ins Frauenhaus?

Du kannst nicht zu Hause bleiben und hast auch niemanden, zu dem du gehen könntest? Es gibt natürlich Fälle, wo Frauen keine Möglichkeit mehr haben, in der häuslichen Umgebung zu bleiben. Sei es, dass sie sich nicht mehr sicher fühlen, weil sie von ihrem Mann bedroht werden oder weil ihr Mann sie aus der gemeinsamen Wohnung hinausgeworfen hat oder, oder, oder …

Bei häuslicher Gewalt ist es somit ein Segen, dass es Frauenhäuser gibt, die als Zufluchtsort für Frauen und Kinder dienen, wenn sie sich in Not befinden. Es ist natürlich auf der anderen Seite ein Problem, dass die Plätze rar sind und es nach wie vor erforderlich ist, dass dieses Hilfesystem bedarfsgerecht ausgebaut wird. Die verlässliche Finanzierung von Frauenhäusern ist dabei ein großes Thema.

Wenn du also von Gewalt betroffen bist oder einfach noch nicht weißt, ob du dich von deinem Partner trennen möchtest und es zu Hause für dich und deine Kinder unerträglich ist, dann wende dich an ein Frauenhaus in deiner Stadt. Sie haben nahezu alle Notfallnummern und die Aufnahme im Frauenhaus kann jederzeit, sofern Platz ist, erfolgen. Wenn die Plätze des Frauenhauses in deiner Stadt bereits voll belegt sein sollten, so kannst du auch in Erwägung ziehen, ein Frauenhaus im Nachbarort zu beziehen.

Einzig und allein wichtig ist doch in dieser Situation, dass du und deine Kinder in Sicherheit sind. Von dort aus kannst du dann in aller Ruhe deine Zukunft planen, eine Anwältin aufsuchen, Hilfen beantragen und dich neu aufstellen.

Du kannst auch im Internet nach Hilfe suchen, oder lies das Buch »Wenn Liebe toxisch wird«.

Intelligent getrennt

Auf der Seite *www.laecheln-und-winken.com* von Anke Neckar findest du zum Beispiel unter dem folgenden Link auch interessante Informationen dazu: *https://www.laecheln-und-winken.com/2021/08/09/frauenhaeuser-fragen-und-antworten/*

Du musst dich nicht dafür schämen, in ein Frauenhaus zu gehen. Es ist gut, dass es diese Institution gibt. Sicher ist die Situation, die das erforderlich macht, nicht die Beste. Aber ich sage immer: »Unsere Erfahrungen machen uns stark.« Du wirst gestärkt aus dieser Situation hervorgehen und stellst – wie viele andere, denen das schon gelungen ist – die Weichen neu. Dafür lohnt es sich doch, oder? Ich bin sicher, dich erwarten bald wieder bessere Zeiten.

Die Schmerzensgeldklage

Wenn er dich massiv verletzt hat und du deutlich sichtbare oder sogar folgenschwere Verletzungen erlitten hast, hast du die Möglichkeit, Schmerzensgeld gegen ihn einzuklagen.

Selbst wenn er kein gutes Einkommen hat, ist es für dich, solltest du die Geschädigte sein, zumindest eine Genugtuung, wenn es zu einer Verurteilung kommen sollte.

Wichtig ist natürlich, im Vorfeld einzuschätzen, ob genügend Beweise für eine Verurteilung vorliegen. Wenn nicht, kann eine Klage auf Schmerzensgeld abgewiesen werden, und das ist bitter, wenn man bereits das Opfer einer Gewalttat ist. Ich habe es schon einige Male erlebt, das Opfer von Gewalttaten bei Gericht nicht mit der Klage durchgekommen sind, und zwar wegen Mangels an Beweisen.

Somit denke immer daran: Egal was dir passiert, achte

darauf, dass du es im Nachhinein beweisen kannst. Dann bist du auf der einigermaßen sicheren Seite.

Intelligent getrennt

Denke immer daran: Vor einem Gericht musst du sämtliche für dich günstigen Tatsachen beweisen. Wenn du also eine Verletzung durch einen körperlichen Übergriff deines Expartners erlitten hast, dann solltest du diese sofort und ohne Zögern ärztlich dokumentieren lassen. Wurden dir zum Beispiel Haarbüschel ausgerissen, da dein Ex deinen Kopf an den Haaren nach hinten gezogen hat, dann fotografiere die Stelle, wo die Haare herausgerissen wurden, und fotografiere das Haarbüschel in deinen Händen. Beweise, Beweise, Beweise. Je mehr Beweise du gegen den anderen hast, desto größer sind deine Erfolgsaussichten darauf, ein Gerichtsverfahren zu gewinnen.

Das Strafverfahren

Dein Expartner hat dir also sichtbare und erhebliche Verletzungen beigefügt? Er hat dich sexuell genötigt oder vergewaltigt? Dann kommt es zwangsläufig, sofern du Strafanzeige erstattet hast, zu einem Strafverfahren gegen deinen Expartner.

In diesem Verfahren bist du wahrscheinlich die einzige Zeugin. Das bedeutet, dass es auf deine Aussage ankommt. Du solltest somit, auch wenn es Opfern von Gewalttaten sehr schwerfällt, glaubhaft erzählen können, was genau geschehen ist. Und zwar in allen Details. Es reicht folglich nicht, wenn die Tat grob umrissen wird; ein fragender Richter sowie auch die Verteidigung des Angeklagten gehen massiv in sämtliche Einzelheiten.

Ich weiß, das ist schwierig. Viele Mandantinnen sind vor diesen Verhandlungen sehr verunsichert, weinen oder haben Angst. Aber sie haben es alle geschafft! Auch du wirst es schaffen.

Intelligent getrennt

In einer Befragungssituation durch einen Richter oder den Verteidiger des Angeklagten, dessen Opfer du geworden bist, ist es wichtig, sich bei der Aussage nicht zu verzetteln oder zu widersprechen. Auf Widersprüche in der Aussage stürzen sich insbesondere die Strafverteidiger, die das Ziel haben, einen Freispruch für ihren Mandanten zu erwirken.

Ich rate immer dazu, sich, sofern die gesetzlichen Voraussetzungen vorliegen, im Rahmen der Nebenklage von einer Rechtsanwältin begleiten zu lassen. So steht das Opfer nicht nur als Zeuge der Straftat in der Gerichtsverhandlung zur Verfügung, sondern hat als Verfahrensbeteiligte eigene Rechte und Pflichten.

Was sagt das Gesetz?

Das Nebenklageverfahren ergibt sich aus den §§ 395–402 StPO (Strafprozessordnung). Das Nebenklageverfahren ist ein Instrument in der Strafprozessordnung, was den Opfern von Straftaten die Möglichkeit gibt, eine aktivere Rolle im Strafverfahren einzunehmen.

Viele Menschen haben – verständlicherweise – Angst vor dem Gericht und allem, was damit verbunden ist. Aber letztendlich ist es dafür da, Täter zu strafen und uns zu schützen. Vertraue einer guten Anwältin und anderen Menschen, die dich dabei begleiten!

Den Schlussstrich ziehen

Während es Frauen gibt, die ihre Trennungsabsichten lange mit sich selbst ausmachen und ihm ihre Entscheidung dann, für den Partner plötzlich und wie aus dem Nichts, mitteilen, gibt es auch jene Frauen, die gegenüber ihrem Partner immer wieder äußern, dass sie sich nicht mehr wohl in der Beziehung fühlen und lange dafür brauchen, den Schlussstrich dann wirklich zu ziehen.

Ich erlebe viele Frauen in meiner beruflichen Praxis, die Angst davor haben, sich zu trennen. Der Grund? Das liebe Geld. Ich habe viele Frauen in meiner Kanzlei gehabt, die nicht einmal ein eigenes Konto hatten, die mit monatlichem Taschengeld von ihrem Partner abgespeist wurden und denen gedroht wurde, wenn sie sich trennen würden, würden sie auf der Straße landen.

Wieder andere Frauen bleiben bei ihren Männern, um der Familie nicht zu schaden. Sie wollen, dass gemeinsame Kinder mit Vater und Mutter aufwachsen, und stellen dabei ihr eigenes Leben hintenan. Natürlich geschieht dies umgekehrt bei vielen Männern genauso. Sie bleiben bei ihrer Familie, führen häufig Zweitbeziehungen und warten darauf, bis das älteste Kind aus dem Haus ist. Ich bediene hier ein Klischee? Dieses Klischee ist aber die Realität.

Aktives Schlussmachen – oje

Immer wieder wird mir die Frage gestellt: »Frau Günther, ich möchte mich trennen, aber wie sag ich es ihm bloß?« Manche Frauen schämen sich dafür, dass sie nicht mehr verliebt sind, andere wiederum haben Angst vor ihrem Partner und Sorge davor, dass er sie attackiert, wenn sie ihm den Trennungswunsch überbringen.

Ja, es kann wirklich ein Dilemma sein, und wenn du mich fragst: Auch ich hatte nie wirklich gute Gefühle dabei, wenn ich jemandem sagen musste, dass ich ihn nicht mehr liebte. Aber: Du musst da durch, es sei denn, er hat sich von dir getrennt. Dann bleibt dir zumindest dieses Thema erspart und du kannst diesen Punkt überspringen.

Es gibt verschiedene Wege, um Schluss zu machen; nachfolgend zähle ich für dich die gängigsten auf und schildere dir dazu, was aus Rechtssicht zu sagen ist.

Übrigens: Das Thema Schlussmachen und die Art und Weise, wie man es macht, ist unabhängig davon, ob ein Paar einfach nur als Paar zusammenlebt, verheiratet ist oder es sich um eine eingetragene Lebenspartnerschaft handelt.

Wie ich weiter vorne in diesem Buch geschrieben habe, ist es unerheblich für den Familienrichter, aus welchem Grund man sich getrennt hat. Es gilt das Zerrüttungsprinzip und nicht mehr das Verschuldensprinzip.

Das persönliche Gespräch

Das offene Gespräch ist nicht die schlechteste Variante, wie ich finde, es sei denn du hast einen gewalttätigen Partner. Häufig höre ich, dass es sich bewährt hat, den Partner um einen Termin zu bitten, an dem es nur um euch und um eure Beziehung geht. Du allein weißt, ob mit deinem Partner ein ruhiges Gespräch möglich ist oder nicht.

Eiere nicht herum, sondern sei klar und deutlich. Andernfalls kann es passieren, dass er dich nicht ernst nimmt und glaubt, es sei nur eine Laune von dir.

»Sie hat mal wieder ihre Tage« oder »Ach, die beruhigt sich schon wieder« können Sätze sein, die sich dein Partner sagt, wenn du nicht klar und deutlich bist in dem, was du möchtest.

Wie du in ein Trennungsgespräch einsteigst, ist natürlich individuell verschieden. Es ist jedoch hilfreich, so ein Gespräch nicht zwischen Spülen und Einkaufen zu führen. Verabrede dich mit deinem Partner und nimm dir die Zeit, ihm deinen Entschluss mitzuteilen. Bedenke auch, dass der oder diejenige, die geht, es immer etwas einfacher hat. So ein Gespräch ist nicht einfach. Bleibe, auch wenn es schwerfällt, bei deinem Standpunkt. Dein Partner wird, wenn er dich noch liebt, an eurer Beziehung festhalten wollen und dies mit Beispielen, die für eure Beziehung sprechen, untermauern.

Wenn du an diesem Punkt bist, wiederhole deinen Entschluss, möglicherweise mit Sätzen wie: »Ja, ich verstehe, was du sagst, aber ich möchte die Trennung auf jeden Fall.« Oder: »Okay, es hat auch nicht allein mit dir zu tun, sondern mit mir und meinem Entschluss, mich zu trennen. Du kannst an dieser Stelle nichts dagegen tun.«

Bleibe close to the facts. Es macht nicht immer Sinn, den vollständigen Hintergrund des Trennungsentschlusses auszubreiten.

Wenn du dir selbst darüber im Klaren bist, dass du die Trennung durchziehen willst, dann bist du bereit für ein Gespräch mit deinem Partner. Nur wenn du innerlich bereit bist und abgeklärt, hat es Sinn, ein Trennungsgespräch zu führen. Sinnvoll ist es, im Vorfeld des Gesprächs alle wichtigen Informationen einzuholen und möglicherweise bereits eine neue Wohngelegenheit in Aussicht zu haben.

Mit wichtigen Infos meine ich, dass *du* optimalerweise weißt, wie viel Einkommen dein Partner erwirtschaftet und welche Ausgaben dagegen anstehen. Dies ist wichtig für das Thema Kindesunterhalt und Trennungsunterhalt. Oft ist es so, dass diejenigen, die verlassen werden, in einem Trennungsgespräch Druck aufbauen, damit drohen, keinen Unterhalt zu leisten und aufwerfen, dass du es niemals ohne den Partner schaffen wirst. *Du* wirst in dem Trennungsgespräch somit sicherer und selbstbewusster auftreten, wenn du dir im Vorfeld einen Überblick über die Zahlen, das Einkommen und die sonstigen ehelichen Vermögensgüter verschafft hast.

Denke daran: *Du* willst die Trennung. Habe dein Ziel, die Trennung zu erreichen, immer vor Augen. Damit es friedlich bleibt, lasse dich nicht provozieren. Er wird dich vielleicht beleidigen, dir Vorwürfe machen, weinen, schreien, die Kinder mit einbeziehen, deine Freunde belagern und dich schlecht dastehen lassen.

Mein Tipp: So schwierig es auch ist, bleib cool, lasse es nicht an dich heran. Du willst die Trennung, und dies nach Möglichkeit friedlich.

Es gibt leider auch Fälle, in denen sich der Partner in einem Trennungsgespräch quasi unsichtbar macht. Er sagt nichts, er beteiligt sich nicht und leugnet die Situation. In diesen schwierigen Fällen solltest du tatsächlich Fakten schaffen, denn Gespräche bringen an dieser Stelle nicht viel.

Sei dir jedenfalls sicher: Du schaffst das! Es haben so viele Menschen vor dir geschafft, also: Warum solltest du es nicht schaffen?!

Intelligent getrennt

Lasse dir im besten Fall unterschreiben, dass ihr euch am (Datum) geeinigt habt, das die Trennung einleitet. Im Zweifel kann dies im Scheidungsverfahren helfen, den Trennungszeitpunkt festzustellen, wenn der Partner auf einmal wahrheitswidrig behaupten sollte, man sei gar nicht getrennt. Im besten Fall hast du die räumliche Trennung vollzogen und dann ist spätestens am Tag der Ummeldung an der neuen Wohnadresse die Trennung vollzogen.

Der Abschiedsbrief

Du kannst eine Trennungsabsicht natürlich auch in einem Brief mitteilen. In diesem hast du die Gelegenheit, deine Gefühle auszuformulieren, ohne unterbrochen zu werden.

Vielleicht hast du ja einen Partner, der mauert oder verweigert und schlicht und ergreifend nicht über eine Trennung sprechen möchte, da er dich noch so liebt oder Angst vor dem Alleinsein hat. Solche Partner neigen dazu, bei Trennungsgesprächen den Raum zu verlassen oder bei einem Telefonat den Hörer aufzulegen, um dann im Nachgang wieder so weiterzumachen, als hätten sie nie etwas von Trennung gehört.

Genau bei solchen Exemplaren ist es sinnvoll, einen Brief zu schreiben und auf diese Weise die Trennung einzuleiten.

Intelligent getrennt

In einem Abschiedsbrief sollte es um Emotionen gehen. Es ist nicht sinnvoll, über Zugewinn, mögliche Verzichte oder sonstige Vermögenswerte zu schreiben, da dir dies im Zweifel negativ ausgelegt werden kann. Sicher, ein Abschiedsbrief ist kein notariell beglaubigtes Dokument, aber ein Abschiedsbrief kann immerhin eine Indizwirkung haben. Du kannst natürlich schreiben, dass du z. B. weißt, dass du jahrelang keine Lust mehr an Intimitäten hattest, oder du dich emotional entfernt hast. Du kannst auch schreiben, wie du dich jahrelang gefühlt hast und aus welchem Grund du nun für dich einen Schlussstrich gezogen hast. Dies ist in rechtlicher Hinsicht nicht schlimm denn, wir haben ja einige Seiten vorher gelernt: Seit 1977 gilt nicht mehr das Verschuldensprinzip, sondern das Zerrüttungsprinzip. Wer was gemacht oder nicht gemacht hat, interessiert das Familiengericht im Zweifel nicht.

Schluss machen via WhatsApp

Eine WhatsApp finde ich unpersönlich und würde diese Mittel daher nicht als erste Wahl empfehlen. In meiner beruflichen Praxis habe ich jedoch öfter erlebt, dass mit einer WhatsApp die Beziehung beendet wurde.

Ein Fall ist mir besonders in Erinnerung geblieben. Ein Familienvater, das Paar hatte drei minderjährige Kinder, hatte meiner Mandantin lapidar geschrieben: »Es tut mir leid, ich kann das alles nicht mehr. Ich fühle mich, als sei ich in einem falschen Leben und deshalb bin ich gegangen.« Zuvor hatte er seine persönlichen Sachen gepackt und hat seine Familie tatsächlich einfach verlassen.

Wir hatten große Probleme, ihn im ersten Jahr anzuschreiben, weil er nicht einmal eine Anschrift hinterlassen und sich vollständig abgeschottet hatte. Für meine Mandantin war dies natürlich eine Katastrophe. Sie weiß bis heute nicht so wirklich, was der Grund für die Trennung war. Ich meine, dass diesem Mann tatsächlich alles zu viel geworden ist und er ausschließlich an sich selbst gedacht hat. Mittlerweile hat er zwar wieder Kontakt zu seinen Kindern, allerdings nur sporadisch.

Wir leben in einem Zeitalter, in dem der Austausch über die sozialen Medien, wozu WhatsApp zählt, die Regel geworden ist. Natürlich kann man dieses Medium auch dazu nutzen, partnerschaftliche Probleme zu »besprechen« oder eben auch dazu, eine Beziehung zu beenden. Es ist jedenfalls ein Instrument für jene, die einer Auseinandersetzung entgehen wollen. Die Vorgehensweise des Familienvaters ist allerdings eine höchst unfaire. Denn die Verantwortung einfach abzustreifen und der Partnerin alleine aufzuhalsen, war wohl nicht das, was ursprünglich vereinbart war.

Was nach einer Trennung helfen kann, wozu ich auch immer wieder rate, ist, den persönlichen Kontakt zu meiden. Allerdings hat sich auch der Austausch von WhatsApp-Nachrichten als schädlich erwiesen. Denn es kann auslösen, dass man dauernd danach sieht, ob er online ist, ob er die Nachricht gelesen hat und es gibt den Fluch der Statusnachricht, die von vielen Menschen dazu genutzt wird, den Ex fertig zu machen.

Bei schwierigen Trennungen empfiehlt es sich daher erst mal, den Kontakt auf ein Minimum zu reduzieren. Wenn gemeinsame Kinder vorhanden sind, dann ist es am besten, sich über E-Mail auszutauschen. (Mehr dazu findest du im Buch »Wenn Liebe toxisch wird«.

Schluss machen im Beisein von Familie oder Freunden

Vertraute Personen hinzuzunehmen, wenn es um das Thema Trennung geht, kann auf der einen Seite als indiskret ausgelegt werden, auf der anderen Seite kann es aber sehr hilfreich sein, wenn zu befürchten ist, dass der Partner eine

Szene macht, schreit oder sonst wie ausrastet. Hier können vertraute dritte Personen oft schlichten und Schlimmeres verhindern.

Intelligent getrennt

Führe das Trennungsgespräch nicht zu Hause, sondern bei deinen Freunden oder deiner/seiner Familie. Zu Hause symbolisiert häufig schon zu viel verbrannte Erde. Hier wurde viel gestritten, geschrien und geweint. Somit ist es sinnvoll, einen Ortswechsel vorzunehmen, um dort dann das Trennungsgespräch zu führen. Du wirst dich automatisch sicherer fühlen, wenn Dritte anwesend sind. Sollte dein Partner gewalttätig sein, so brauchst du im Beisein von Dritten nicht die Sorge zu haben, dass du angegriffen wirst, ohne dass dir jemand hilft. Möglicherweise kann einer von euch aufschreiben, worauf ihr euch geeinigt habt. Sicher, ein solches Schriftstück hat vor Gericht nur Indizwirkung, aber: So ein Schriftstück kann euch beide daran erinnern, worüber ihr gesprochen habt. Es gibt natürlich immer diejenigen, die so ein Schreiben in Wut zerreißen. Okay! Du hast es aber dann wenigstens versucht.

Auch ein Mediator kann Sinn machen. Dies allerdings auch nur, wenn von beiden Seiten die Bereitschaft dazu besteht. Wenn du Schwierigkeiten erwartest, kannst du dir, sofern ihr noch zusammen wohnt, überlegen, ob du für eine Cool-down-Phase vorübergehend woanders übernachtest.

Ansonsten kann ich an dieser Stelle auch nur dazu raten: Schaffe Fakten!

Wenn jemand überhaupt nicht verstehen will, dass eine Beziehung zu Ende ist, dann sollte man Fakten schaffen, ausziehen, sich distanzieren und vor allem: konsequent bleiben.

ER will sich scheiden lassen ...

Bisher haben wir hauptsächlich davon gesprochen, was passiert, wenn du dich trennen möchtest. Natürlich gibt es aber auch immer den umgekehrten Fall: Er konfrontiert dich mit der Trennung und einer sich daran anschließenden Scheidung. Von jetzt auf gleich kann so etwas passieren.

Vielleicht hast schon geahnt, dass es so kommen wird, vielleicht hat es dich wie der Blitz aus heiterem Himmel getroffen. Vielleicht hat er dich zu einem Gespräch gebeten und du fürchtest, was kommen soll, oder eine Freundin hat dich gebeten, bei einem Trennungsgespräch dabei zu sein. Jedenfalls ist es nicht leicht, damit umzugehen.
Ich rate dir dazu, dich zu verhalten wie folgt:

- Höre dir an, was er zu sagen hat. Äußere dich zunächst nicht inhaltlich, sondern sage ihm, dass du seinen Wunsch zur Kenntnis genommen hast und du zunächst darüber nachdenken musst. Versuche dich zu kontrollieren; ich kann dich verstehen, wenn du weinen musst und verzweifelt bist, das wäre ich auch. Aber versuche, ihm dies nicht zu zeigen.
- Das Wichtigste ist: *Unterschreibe nichts!* Viele Mandantinnen, die ich begleitet habe, legten mir ein Schriftstück vor, in dem zum Beispiel fixiert war: »Wir überlassen jedem seine Rente und sehen von Ansprüchen ab«, oder »Wir verzichten beide auf Unterhalt.« An dieser Stelle weise ich darauf hin: Wirksam sind derartige Schreiben mit Unterschrift ohnehin nicht. Die Durchführung des Versorgungsausgleichsverfahrens ergibt sich aus dem Gesetz und nur ein notariell

beglaubigter Verzicht kann den Ausgleich aufheben. Auch auf Trennungsunterhalt kann so niemals wirksam verzichtet werden.
Trotzdem rate ich dazu, nichts zu unterschreiben, damit die Angelegenheit nicht komplizierter wird als sie ohnehin schon ist.

- Lasse dich nicht bedrängen. Bleibe cool und gelassen. Lasse dir auch nicht drohen mit Sätzen wie: »Wenn du nicht unterschreibst, nehme ich dir die Kinder weg.«
  Das Spiel mit der Angst wollen viele Männer mit ihren Frauen spielen. Es geht um Geld, und wenn ein Mann bereits eine Neue hat, will er sich mit dieser Frau oft erst mal ein schönes Leben machen. Und da zählt natürlich jeder Cent.
- Wichtig ist außerdem: Jeder Scheidung ist in der Regel das Trennungsjahr vorgeschaltet. Vor Ablauf des Trennungsjahres wird nicht geschieden. Dazu findest du auch weiter vorne im Buch schon Informationen, siehe Seite 200.
- Ist das Trennungsjahr um, sitze es einfach aus. Wenn er die Scheidung möchte, muss er diese auch beantragen.
- Du kannst dir erst mal etwas Zeit lassen, wenn du den Scheidungsantrag zugestellt bekommst. Allerdings kannst du maximal die Frist ausreizen.

Sagen wir es einmal so: Du kannst letztlich nicht verhindern, dass ihr geschieden werdet. Du kannst aber den einen oder anderen Monat ausreizen, über Fristverlängerungen, Terminsverlegungen … Teile dies, sollte dies dein Ansinnen sein, deiner Anwältin mit. Sie weiß dann schon, wie sie vorzugehen hat.

Wichtig ist es, die Weichen zu stellen, damit dir das Vorgehen nicht einfach von ihm diktiert wird, sondern du auch deine Wünsche, Erwartungen und Sichtweisen einbringen kannst. Er soll sehen, dass er es mit einem Gegenüber zu tun hat, das nicht einfach nach seiner Vorstellung abgespeist werden kann. Die Ehe, die Beziehung, ist vielleicht zu Ende, aber nicht dein Leben – und schon gar nicht dein Recht auf ein eigenständiges Leben, dein Recht auf eine faire Trennung.

§ Die Trennung und das liebe leidige Geld

Wie heißt es so schön? »Bei Geld hört die Freundschaft auf.« Dieses Sprichwort hat tatsächlich etwas Wahres, denn: Bei vielen Mandaten geht es zumindest auch, neben der gemeinsamen Kinder, um das leidige Thema Geld. So stellen sich nach einer Trennung die Fragen, wer welche ehelichen Verbindlichkeiten bezahlt, wie hoch der zu zahlende Trennungsunterhalt ist, wer die Verbindlichkeiten für das gemeinsame Haus übernimmt und vieles mehr.

Wenn du dich gerade getrennt hast und mit deinen Kindern ausgezogen bist oder dies beabsichtigst, so stellst du dir bestimmt die Frage: »Wie finanziere ich uns in Zukunft?«, oder?!

Wenn er gutes Geld verdient und du bisher nicht gearbeitet hast, dann musst du im Trennungsjahr ebenfalls nicht arbeiten, sondern kannst guten Gewissens von ihm, neben dem Kindesunterhalt, auch Trennungsunterhalt verlangen. Schließlich war das wohl Teil eures ausgesprochenen oder stillschweigenden »Deals«, mit dem er offensichtlich zuvor auch einverstanden gewesen ist.

Wenn du trotzdem einen Job annehmen möchtest, dann wird dir dies bei Berechnung des Trennungsunterhalts zu gewissen Teilen angerechnet, das muss dir bewusst sein. Wenn du allerdings sagst, du willst unbedingt auf eigenen finanziellen Beinen stehen, dann darfst du einen Job annehmen. Dies solltest du für dich entscheiden.

Intelligent getrennt

In jedem Fall ist es spätestens jetzt an der Zeit, dass du dir ein eigenes Konto eröffnest. Das Geld, das du von ihm oder deinem neuen Arbeitgeber überwiesen bekommst, muss ja irgendwohin.

Bitte denke daran, dir unbedingt einen Überblick über eure Kontostände, Sparbücher, Schließfächer und Depokonten zu verschaffen. Kopiere die Unterlagen! Jetzt und sofort! Nicht, dass er dir gegenüber Vermögen vereitelt, es auf andere Konten überweist, jemandem auszahlt oder sonstiges.

Du musst den Ist-Stand über euer Vermögen wissen. An dieser Stelle sei gesagt: Wer kein Vermögen hat, hat es zumindest diesbezüglich einfacher.

Wenn es um den *Zugewinnausgleich* geht, dann sind drei Stichtage relevant: der Stichtag der Eheschließung (Aktiv- und Passivvermögen), der Stichtag der Trennung (Aktiv- und Passivvermögen) und der Stichtag des Ehezeit-Endes (Aktiv und Passivvermögen). Du willst doch sicher nicht, dass die Nächste von eurem Vermögen profitiert.

Schaue dich auch schon mal nach einem Gutachter für eure Immobilie um, falls ihr über solche verfügt, und lasse diese im Zweifel bewerten. Wie oft habe ich es erlebt, dass der Ehemann einen viel niedrigeren Wert für die eheliche Immobilie ansetzt – in der Hoffnung, die Ehefrau ginge dem nicht weiter nach.

Fixiere für dich weiterhin, welche Autos vorhanden sind. Benenne das Fabrikat, die Farbe und das Kennzeichen, fotografiere es von allen Seiten. Sichere außerdem die Dokumente, aus welchem sich mögliche Darlehen über die bestehenden Fahrzeuge ergeben und wie hoch diese noch belastet sind. Fixiere die Höhe der monatlichen Rate.

Genauso gehst du mit sämtlichen Gütern und sämtlichen Vermögen vor. So bist du definitiv auf der sicheren Seite, was die Dokumentation der Vermögenswerte betrifft.

Zugegeben, dies ist Arbeit. Diese lohnt sich aber in jedem Fall.

Auch nach dem *Lebenspartnerschaftsgesetz* ergibt sich für (gleichgeschlechtliche) Paare ein Anspruch auf Trennungsunterhalt im Falle einer Trennung.

§

Was sagt das Gesetz?

Seit 2005 sind die Voraussetzungen für die Aufhebung der Lebenspartnerschaft den Voraussetzungen für die Scheidung einer Ehe gleichgestellt. Dies ergibt sich aus § 15 Lebenspartnerschaftsgesetz. Die Lebenspartner müssen vor Einreichung des Aufhebungsantrags mindestens zwölf Monate voneinander getrennt gelebt haben.

Wenn man sich mit dem Lebenspartnerschaftsgesetz auseinandersetzt, so stellt man fest, dass vieles darin sich an das Eherecht aus dem BGB anlehnt. Aus § 15 Lebenspartnerschaftsgesetz ergibt sich somit auch der Anspruch auf Unterhalt.

Wenn Paare allerdings *nicht verheiratet oder verpartnert* sind, dann sieht es mit den wechselseitigen Ansprüchen nicht so gut aus. Paare, die nicht miteinander verheiratet waren, haben somit keinen Anspruch auf Unterhalt gegen den anderen. Auch besteht kein Anspruch auf Vorsorge im Alter.

Der Vorteil ist jedoch, dass sich unverheiratete Paare keine Gedanken über einen möglichen Zugewinnausgleich machen müssen. Auch die Rentenanwartschaften müssen sie nicht mit dem jeweils anderen teilen. Einzig und allein ein Anspruch auf Betreuungsunterhalt und Kindesunterhalt kann die Kindesmutter gegen über dem Kindesvater haben, mit dem sie nicht verheiratet war.

Auch kann die werdende Mutter sechs Wochen vor der Geburt und acht Wochen nach der Geburt Unterhalt von dem Kindesvater verlangen.

Trennungsunterhalt im Trennungsjahr – er muss zahlen, oder?

»Wenn du dich scheiden lässt, bekommst du Unterhalt, die Kinder und kannst das Haus behalten!« – Vielfach herrscht diese Meinung, dass die Frau auf jeden Fall bei einer Scheidung so aussteigt. Bitte verlasse dich nicht auf den Rat der Freunde, auf Facebookgruppen oder sonstigen wohlmeinenden, aber eben juristisch nicht fundierten Rat!

Wenn du verheiratet bist und die Trennung erfolgt ist, dann kann der geringer Verdienende vom anderen Trennungsunterhalt gemäß § 1361 BGB verlangen. Der Trennungsunterhalt wird bis zur Rechtskraft der Scheidung bezahlt.

Danach endet der Anspruch nach § 1361 BGB und es kann der nacheheliche Unterhalt greifen, sofern die Voraussetzungen vorliegen und die Ehezeit über zwei bis drei Jahren liegt. Im Übrigen wird auch Trennungsunterhalt erst dann gezahlt, wenn die Ehezeit über zwei bis drei Jahren liegt.

Voraussetzung dafür, dass dein Noch-Partner dir Trennungsunterhalt zahlt, ist jedoch, dass er *zahlungsfähig* ist und natürlich, dass ihr miteinander verheiratet seid. Unverheiratete Paare haben wechselseitig keinen Anspruch auf Zahlung von Trennungsunterhalt.

Was sagt das Gesetz?

§ 1361 des Bürgerlichen Gesetzbuchs (BGB) sagt dazu: Unterhalt bei Getrenntleben. (1) Leben die Ehegatten getrennt, so kann ein Ehegatte von dem anderen den nach den Lebensverhältnissen und den Erwerbs- und Vermögensverhältnissen der Ehegatten angemessenen Unterhalt verlangen; für Aufwendungen infolge eines Körper- oder Gesundheitsschadens gilt § 1610a.

Der Anspruch auf Trennungsunterhalt besteht in der *Übergangszeit zwischen Trennung und Scheidung zweier Ehepartner,* somit während des *Trennungsjahrs.* Das Trennungsjahr endet aber nicht mit Ablauf des Trennungsjahres, sondern erst mit Rechtskraft der Scheidung. Wenn ein Ehepaar z. B. erst zwei Jahre nach der Trennung rechtskräftig geschieden wird, dann muss der Trennungsunterhalt zwei Jahre lang gezahlt werden. Aus diesem Grund versucht man, das Scheidungsverfahren so lange wie möglich nach hinten zu verzögern, um dadurch den einen oder anderen Monat Unterhalt zu sichern.

Der Gesetzgeber verlangt, dass die finanzielle und materielle Versorgung beider Partner während dieser Zeit durch den Trennungsunterhalt sichergestellt wird.

Du erhältst also Trennungsunterhalt, bei Vorliegen der Voraussetzungen, bis zur Rechtskraft der Scheidung. Du bist in dem Trennungsjahr auch nicht dazu verpflichtet, arbeiten zu gehen. Aber Achtung: Wenn während der Ehe gearbeitet wurde und ab der Trennung diese Tätigkeit aufgegeben wurde, vertreten Meinungen, dass Trennungsunterhalt dann nicht in der vollen Höhe zu zahlen ist. Es kommt hier auf den Einzelfall an.

Letztlich kann ein Ehegatte die Aufrechterhaltung

des im Trennungszeitpunkt erreichten Lebensstandards beanspruchen.

Dein Noch-Partner muss jedoch nur dann bezahlen, wenn er *leistungsfähig* ist. Dies bedeutet, dass nur gezahlt werden muss, solange der Unterhaltspflichtige mit den Zahlungen an dich nicht seinen eigenen Lebensunterhalt gefährdet. Dies nennt man *Selbstbehalt.* Der Selbstbehalt für Erwerbstätige beträgt 1600 € und für Nichterwerbstätige (wie z. B. Rentner) 1385 €.

Intelligent getrennt

Das Oberlandesgericht Hamm hat hierzu unter anderem die »Hammer Leitlinien« entwickelt. Dort kann man sich schlaumachen über die Höhe der geltenden Selbstbehalte, die abzugsfähigen Positionen bei Berechnung des Unterhaltes, die »Düsseldorfer Tabelle« bei Kindesunterhalt und vieles mehr. Ein Blick in die Hammer Leitlinien lohnt sich. *(www.olg-hamm.nrw.de/infos/Hammer_Leitlinie/index.php)*

So, du bist nun ausgezogen und er bezahlt nicht?! Dann solltest du eine Rechtsanwältin für Familienrecht einschalten. Ohne diese kannst du den Anspruch beim Familiengericht seit dem 1. 9. 2009 nicht mehr beantragen. Es herrscht *Anwaltszwang.*

Diese wird deinen Noch-Ehemann anschreiben und dazu auffordern, Auskunft über sein Einkommen zu erteilen – durch Vorlage seiner letzten zwölf Gehaltsabrechnungen. Sollte dein Noch-Partner selbstständig sein, sind Grundlage für die Berechnung des Trennungsunterhalts die betriebswirtschaftlichen Auswertungen der letzten drei Jahre.

Unterhaltsrecht ist, wie du vielleicht schon beim Lesen gemerkt hast, nicht so einfach. Es gibt viele Fallstricke, die zu beachten sind. Ich versuche, es beim Schreiben für dich einfach zu halten.

Es gibt auch die Fälle, wo beide Eheleute arbeiten. Auch dann gilt: Derjenige, der mehr verdient, muss dem anderen 3/7 seines bereinigten Nettoeinkommens abgeben. Die Einzelheiten der Berechnung würden an dieser Stelle den Rahmen sprengen.

Eine Trennung kann die Eheleute in einen wirtschaftlichen Ruin oder zumindest in eine finanziell deutlich schlechtere Lage bringen. Sicherlich hat derjenige, der zahlen muss, einen Selbstbehalt in Höhe von 1600 €. Dies hatte ich ja bereits weiter oben erwähnt. Aber seien wir ehrlich: Was kann man heutzutage mit 1600 € anfangen, wenn allein die Mieten an die 1000 € für geeigneten Wohnraum grenzen?

Es darf auch nicht vergessen werden, dass der Kindesunterhalt vorrangig zu zahlen ist und im Vorfeld vom Nettoeinkommen abgezogen wird. Ich erlebe den Umgang mancher Paare miteinander, die getrennt sind, als fair. Es gibt nämlich diejenigen, die sich einigen. Die ihre Zahlen offen auf den Tisch bringen und realistisch für sich prüfen, was für ein Betrag monatlich benötigt wird und sich somit auf einen Kompromiss einigen, mit dem alle leben können. Dies bietet sich insbesondere an, wenn gemeinsame Kinder vorhanden sind.

Das bereinigte Nettoeinkommen im Trennungsunterhalt

Wenn also die Auskunft über das Einkommen vorliegt, muss das *bereinigte Nettoeinkommen* ermittelt werden, diese bedeutet das *durchschnittliche* Nettoeinkommen – durchschnittliche monatliche Ausgaben.

Das bereinigte Nettoeinkommen ist im Übrigen auch für den nachehelichen Unterhalt maßgeblich.

Aber zunächst möchte ich dir zeigen, was alles Einnahmen im unterhaltsrechtlichen Sinne sein können. Diese sind u. a.

- Geldeinnahmen aus nicht selbstständiger Arbeit, einschließlich Urlaubs- und Weihnachtsgeld,
- Gratifikationen,
- geldwerte Zuwendungen des Arbeitgebers, wie zum Beispiel der Firmenwagen,
- Überstundenvergütung,
- Trinkgelder,
- Krankengeld und Krankentagegeld sowie Übergangsgeld,
- Arbeitslosengeld II und sonstige Sozialleistungen
- Steuernachzahlungen,
- Mieteinnahmen,
- Wohnwertvorteil (Vorteil des mietfreien Wohnens),
- Einnahmen aus selbstständiger Tätigkeit,
- Elterngeld,
- Unfall- und Versorgungsrenten.

Nun kommen wir zu den abzugsfähigen Positionen. Aber Achtung: Nicht jede Ausgabe ist eine abzugsfähige Ausgabe im Sinne des Unterhaltsrechts.

Abzugsfähige Ausgaben können sein Kosten für:

- Steuern und Vorsorgeaufwendungen,
- berufsbedingte Aufwendungen,
- Schulden (wenn diese vor oder während des ehelichen Zusammenlebens gemacht wurden),
- Kosten des Umgangs.

Kosten für die Miete, Strom, Fitnessstudio, Telefonkosten und weitere sind z. B. nicht abzugsfähig. Diese sollen über den Selbstbehalt gedeckt sein.

§

Was sagt das Gesetz?
Sämtliche abzugsfähige Positionen sind in den Hammerleitlinien des OLG Hamm geregelt.

Dein Rechtsanwalt wird im Zweifel wissen, was abzugsfähige Kosten sind und was nicht.

In der Regel wirst dann auch du von der Gegenseite dazu aufgefordert, Auskunft über deine Einnahmen und Ausgabensituation zu erteilen. Wenn du keine Einnahmen hast, ist es für dich ganz einfach. Dann lässt du mitteilen, dass du, abgesehen vom Kindergeld, keine Einnahmen hast. Andernfalls musst du die Unterlagen natürlich vorlegen.

Der Halbteilungsgrundsatz

Zunächst gilt der Halbteilungsgrundsatz. Danach würde dir als getrennt lebender Ehefrau die Hälfte des Familieneinkommens zustehen. Dies ist in der Regel unabhängig davon, wie viel Vermögen die Eheleute jeweils haben. Hier geht es alleine um die monatlich bereinigten Nettoeinnahmen.

Die Ausnahme hiervon kann sein, wenn ein Ehegatte Vermögen hat und bereits vor der Ehe aus diesem Vermögen gelebt hat. Aber dies ist in der Praxis eher selten der Fall.

Das Familieneinkommen ergibt sich somit aus den Einkünften der Eheleute, abzüglich des Kindesunterhalts, berufsbedingter Aufwendungen und vergleichbarer Posten, die nicht dem Konsum dienen. Dies hatte ich vorangehend erörtert.

Aber was bedeutet das überhaupt: Halbteilungsgrundsatz? Es bedeutet, dass der Bedarf jedes Ehegatten der Hälfte des zusammengerechneten Gesamteinkommens der Ehegatten entspricht, abzüglich des Einkommens des jeweils Unterhaltsberechtigten.

Das klingt kompliziert? Ein Rechenbeispiel: Der Ehemann erhält eine Rente in Höhe von monatlich 2000 €, die

Ehefrau erhält eine Rente in Höhe von 800 €. Der Ehemann ist somit der Ehefrau dem Grunde nach zur Zahlung von Trennungsunterhalt verpflichtet. Die Differenz zwischen den beiden Einkünften beträgt 1200 €. Die Hälfte hiervon beträgt 600 €. Die Ehefrau erhält somit 600 €, sodass sie zusammen mit ihrer Rente monatlich 1400 € hat. Der Ehemann hat nach Abzug der monatlichen 600 € Trennungsunterhalt ebenfalls 1400 € zur Verfügung. Sein Selbstbehalt in Höhe von 1385 € wäre dabei gewahrt.

Soweit die Leitlinien unterschiedliche Methoden zur Berechnung des Ehegattenunterhalts enthalten, ist es so, dass sie – von unterschiedlichen Ansätzen z. B. beim Erwerbstätigenbonus abgesehen – keine Unterschiede in der Höhe als Ergebnis haben, sondern die Höhe des Unterhalts rechnerisch gleich bleibt.

> Das Unterhaltsrecht in der Praxis ist oft kompliziert. Man sagt unter Juristen nicht umsonst: Zwei Anwälte und fünf Meinungen.

Dies liegt einfach darin, dass »der Teufel oft im Detail steckt«. Unterhaltsrecht lädt oft zum kreativem Denken ein. So kann ich als Anwältin in einer gerichtlichen Verhandlung vorbringen, dass die Gegenseite ein weniger teures Auto hätte finanzieren können, als sie es tatsächlich macht. Vorausgesetzt nach der Trennung gibt die Gegenseite auf einmal eine erhöhte Finanzierungsrate an. Dann kann die Gegenseite z. B. argumentieren, dass aufgrund der beruflichen Stellung und des Ansehens der Gegenseite ein Fahrzeug der Luxusklasse (als Beispiel) erforderlich und angemessen ist. Somit wäre die Rate unterhaltsrechtlich in Abzug zu bringen und würde das Nettoeinkommen der Gegenseite möglicherweise um mehrere Hundert Euro schmälern, während eine Rate für ein durchschnittliches Fahrzeug bereits für 199,99 € monatlich zu finanzieren gewesen wäre.

Du siehst also, was ich damit meinte, als ich oben schrieb: zwei Anwälte und fünf Meinungen. Ich hoffe, ich konnte dir anhand dieses einfachen Beispiels vermitteln, was Unterhaltsrecht bedeuten kann.

Sollte es nicht möglich sein, dass du und dein Ex euch außergerichtlich einigen könnt, dann muss gerichtliche Hilfe in Anspruch genommen werden. Zögere nicht zu lange, denn du brauchst schließlich Geld, um dich finanzieren zu können. Es gibt immer die Möglichkeit, einen einstweiligen Anordnungsantrag bei Gericht zu stellen, damit eine schnelle, vorläufige Entscheidung erfolgen kann.

Übrigens ist natürlich auch die umgekehrte Situation möglich, dass die Frau einen guten Job hat, bei dem sie nicht unerheblich verdient. Dann hat sie im Zweifel Trennungsunterhalt an den Mann zu zahlen. Auch hier ist es sinnvoll, sich zu einigen, soweit dies möglich ist.

Intelligent getrennt

Ich rate meinen Mandantinnen, die Unterhaltsverpflichtete sind, stets: »Lassen Sie sich so schnell wie möglich scheiden.« Den Mandantinnen, die Unterhaltsberechtigte sind, rate ich: »Sitzen Sie das Thema so lange aus, bis Ihnen ein Scheidungsantrag zugestellt wird.« Klingt doch logisch, oder?

Gefürchtete Verfahrenskosten

Gerichtliche Verfahren, insbesondere Verfahren, bei denen es um das liebe Geld geht, sind natürlich mit Kosten verbunden. Die Kosten eines jeden Verfahrens werden nach dem sogenannten *Verfahrenswert* festgesetzt.

Dieser richtet sich bei einem Unterhaltsverfahren in der Hauptsache nach dem monatlichen Unterhalt multipliziert mit 12.

Der Rechtsanwalt rechnet entweder nach dem *Rechtsanwaltsvergütungsgesetz* ab oder schließt mit dir eine *Vergütungsvereinbarung*.

Ein Beispiel für die Anwaltskosten bei Abrechnung nach dem Rechtsanwaltsvergütungsgesetz (RVG) bei einem Verfahrenswert von 4000 €:

3100	1,3	Verfahrensgebühr	361,30 €
3104	1,2	Terminsgebühr	341,20 €
1000	1,0	Vergleichsgebühr	201,00 €
7002		Postauslagenpauschale	20,00 €
7008		19 % Umsatzsteuer	175,46 €
		Gesamtbetrag:	1099,06 €

Eine Vergütungsvereinbarung mit deinem Rechtsanwalt kann im Zweifel höher ausfallen. Je nach Aufwand ist es übliche Praxis, nicht das RVG abzurechnen, sondern eine gesonderte Einigung, nach *Stundensatz*, zu vereinbaren. Der Stundensatz eines Rechtsanwalts kann mehrere Hundert Euro betragen.

Wenn du nicht in der Lage bist, das Verfahren selbst zu zahlen, kannst du Hilfe in Anspruch nehmen.

Du kannst dann für dich *Verfahrenskostenhilfe* beantragen lassen. Du solltest deinem Anwalt unbedingt mitteilen, dass du wenig Einkommen hast und aus diesem Grund Verfahrenskostenhilfe beantragen lassen willst. Das Formular hat jede Familienrechtlerin und wird es dir übergeben. Deine Aufgabe ist es, das Formular auszufüllen und dieses unterzeichnet und nebst Belegen an deinen Anwalt zurückzusenden. Dieser wird den entsprechenden Antrag unter Bezugnahme auf deine Verfahrenskostenhilfeunterlagen stellen. Du kannst dir das Formular aber auch selbst im Internet downloaden. Gib dazu einfach ein: *Verfahrenskostenhilfeformular Muster.* Im Anhang findest du auch den direkten Link dazu.

§

Was sagt das Gesetz?

Aus § 76 im Gesetz über das Verfahren in Familiensachen und in den Angelegenheiten der freiwilligen Gerichtsbarkeit (kurz FamFG) in Verbindung mit § 114 Zivilprozessordnung (ZPO) ergibt sich: »(1) Eine Partei, die nach ihren persönlichen und wirtschaftlichen Verhältnissen die Kosten der Prozessführung nicht, nur zum Teil oder nur in Raten aufbringen kann, erhält auf Antrag Prozesskostenhilfe, wenn die beabsichtigte Rechtsverfolgung oder Rechtsverteidigung hinreichende Aussicht auf Erfolg bietet und nicht mutwillig erscheint.«

Da ich davon ausgehe, dass du derzeit zu wenig Geld hast, um eine Rechtsanwältin zu bezahlen, sprich, wie schon erwähnt, deine Anwältin darauf an. Nur keine Scheu! Das ist für Rechtsanwältinnen Alltag! Sie wird dir dann das entsprechende Formular aushändigen, mit der Bitte, dieses zeitnah auszufüllen, zu unterschreiben und nebst Belegen (Lohnabrechnung, Bürgergeldbescheid, Mietvertrag usw.) an sie zurückzusenden.

Viele glauben, dass Verfahrenskostenhilfemandanten Mandantinnen »zweiter Wahl« sind. Aber so ist das nicht. Sicher, als Anwältin verdiene ich nicht den Betrag, den ich bei einem selbst zahlenden, auf Vergütungsvereinbarung beruhenden Mandanten erwirtschafte. Allerdings ist dies insgesamt immer eine Mischkalkulation. Also keine Sorge. Deine Anwältin muss dein Mandat genauso bearbeiten wie ein möglicherweise lukrativeres Mandat. Dies ergibt sich bereits aus der Bundesrechtsanwaltsordnung (BORA).

§

Was sagt das Gesetz?

Die Berufsordnung für Rechtsanwälte (BORA) regelt in § 7 Abs. 1: »Der Rechtsanwalt ist verpflichtet, das ihm angebotene Mandat, außer in den Fällen des § 8, zu übernehmen, wenn er dadurch seine anwaltlichen Pflichten nicht verletzt.« Es gibt also Ausnahmen, wie Überlastung oder wenn die Vertretung gegen Gesetze oder das Standesrecht der Anwälte verstoßen würde, eine Angelegenheit ganz außerhalb des Fachgebietes läge oder ein Interessenskonflikt bestehen würde.

By the way: Keine Sorge, Rechtsanwälte sind in der Regel gesprächsbereit, was die Bezahlung ihrer Gebühren anbelangt. Auch eine Ratenzahlung ist in der Regel möglich. Aber wichtig ist, wie erwähnt: Es sollte im Sinne des gegenseitigen Vertrauens zwingend vorher besprochen werden!

Der Selbstbehalt

Viele Streitigkeiten drehen sich verständlicherweise um das Geld, vor allem um den Anspruch, den die Parteien glauben zu haben. Auch zahlreiche Geschichten ranken sich rundherum – darum, was andere erzählen, was man vom »Hörensagen« kennt. Irrtümer, euphorische Geschichten und wahre Dramen: Von allem ist etwas dabei. Was stimmt denn?

Intelligent getrennt:

Wichtig ist: Wenn dein Ex nach Abzug aller abzugsfähigen Positionen, dazu gehört auch Kindesunterhalt, unter dem Selbstbehalt liegt, dann hast du keinen Anspruch.

Die Höhe der Selbstbehalte habe ich weiter vorne genannt. Der Selbstbehalt für Erwerbstätige beträgt somit 1600 €, der für Nichterwerbstätige (wie z. B. Rentner) 1385 €.

Was sagt das Gesetz?

Der Selbstbehalt ist gesetzlich nicht geregelt. Die einzelnen Familiensenate der Oberlandesgerichte haben hierfür Leitlinien entwickelt, um eine einheitliche Rechtsprechung zu ermöglichen. Da die Lebenshaltungskosten in den vergangenen Jahren gestiegen sind, wurden die Sätze der Selbstbehalte der Höhe nach ebenfalls angepasst.

Sollte dein Ex unter dem Selbstbehalt liegen, dann solltest du kurzfristig Gelder bei den zuständigen Behörden beantragen, die in der Regel auch bewilligt werden. Wie du konkret vorgehen solltest, habe ich im Kapitel ab S. 95 beschrieben.

Hat dein Ex jedoch gute Einnahmen, dann muss er auch bezahlen; so läuft das eben! Umgekehrt, also wenn du höhere Einnahmen hast als dein Ex, würde es übrigens genauso laufen.

Mit guten Einnahmen meine ich, dass er nach Abzug seiner monatlich abzugsfähigen Verbindlichkeiten und nach Abzug des Kindesunterhaltes noch weit über dem Selbstbehalt in Höhe von 1600 € liegt. Ich erlebe immer noch mehr Frauen als Männer, die Trennungsunterhalt für sich beanspruchen wollen. Das hat übrigens nichts mit »Ausnehmen« zu tun, sondern damit, dass Frauen in der Regel die Kinder bekommen, diese aufziehen, häufig Teilzeit arbeiten und somit nicht an ihrer beruflichen Karriere arbeiten können. Dass viele beides tun oder Alleinerzieherinnen sind, steht wieder auf einem anderen Blatt.

Wenn die Frau allerdings mitverdient, wird ihr monatliches Einkommen in der Unterhaltsberechnung berücksichtigt.

§

Was sagt das Gesetz?

Der Trennungsunterhaltsanspruch ist in § 1361 BGB verankert. Voraussetzung für die Zahlung von Trennungsunterhalt ist danach, dass die Eheleute getrennt sind.

Wir befinden uns derzeit im Wandel, und Frauen gehen immer mehr arbeiten, während Männer vermehrt in Elternzeit gehen oder im Homeoffice arbeiten. Männer betreuen das Kind also zunehmend so regelmäßig wie die Frauen. Perspektivisch wird sich in einigen Jahren die Anzahl der Männer, die Trennungsunterhalt für sich beanspruchen möchten, erhöhen. Ich gehe zumindest davon aus.

Intelligent getrennt

Wichtig zu wissen ist, dass Trennungsunterhalt erst mit dem Monat des Inverzugsetzens geschuldet wird. Also mit dem Zeitpunkt des Anmahnens des Betrages.

Ich gebe dir dafür ein Beispiel: Wenn du dich im Mai 2024 getrennt hast, deinen Ex aber erst im August 2024 zur Zahlung von Unterhalt aufforderst, so kannst du nicht rückwirkend für Mai, Juni und Juli 2024 Unterhalt verlangen. Deshalb sei schnell und setze ihn rasch und mit Fristsetzung in Verzug.

Wie lebe ich »getrennt«?

Die klassische Trennung bedeutet die *Trennung von Tisch und Bett.* Keiner kocht mehr für den anderen, die Wäsche wird nicht mehr für den anderen mitgewaschen, es wird in getrennten Betten geschlafen und auch keine gemeinsamen Urlaube mehr gemacht. Wie man das Kind nennt, ist dabei einerlei – Selbstfindungsphase, Auszeit, oder, oder, oder. Eine *Trennung im rechtlichen Sinne* ist jedenfalls die *Aufhebung der häuslichen Gemeinschaft* und der ehelichen Gemeinschaft, die für den anderen erkennbar aufgehoben ist.

Bei einer *räumlichen Trennung* ist es natürlich einfacher, den Trennungszeitpunkt festzustellen. Für eine Trennung ist es nicht erforderlich, dass man die Trennung ausspricht. Viele Betroffene leben seit Jahren getrennt, sie schlafen getrennt, haushalten getrennt, fahren allein in den Urlaub usw. Dabei haben sie das Wort Trennung aber nie ausgesprochen. Dennoch erleben sie sich selbst als getrennt.

Sehr wichtig ist, und deshalb wiederhole ich das: Wenn du die Trennung willst und du diejenige bist, die eventuell Trennungsunterhalt zahlen müsste und ihr noch in einem Haus lebt, dann höre ab sofort auf, für euch zusammen zu kochen, eure Wäsche zu waschen und schlafe unbedingt getrennt. Unternehmt auch nichts Gemeinsames. Dies alles kann im Zweifel dahingehend ausgelegt werden, dass eine Trennung nicht stattgefunden oder zumindest unterbrochen ist. Dies hätte die Konsequenz, dass das Scheidungsverfahren erst später eingeleitet werden kann und du somit über einen längeren Zeitraum Trennungsunterhalt zahlen müsstest.

Ist es dagegen umgekehrt und du würdest Trennungsunterhalt bekommen, gilt das Vorgenannte natürlich nicht, sondern das Gegenteil ist der Fall. Aussitzen und somit einige Monate mehr Trennungsunterhalt dadurch erzielen. Denn wir wissen ja: Trennungsunterhalt endet erst mit der Rechtskraft der Scheidung.

Nice to know: Die geltende Rechtsprechung geht davon aus, dass ein Versöhnungsversuch mehrere Wochen andauern kann. Das Trennungsjahr wird somit durch einen kurzen Versöhnungsversuch nicht unterbrochen.

Was sagt das Gesetz?

Aus § 1567 II BGB ergibt sich: »Ein Zusammenleben über kürzere Zeit, das der Versöhnung der Ehegatten dienen soll, unterbricht oder hemmt die in § 1566 bestimmten Fristen nicht.«

Es gibt die Meinungen, die sogar Versöhnungsversuche bis zu drei Monaten nicht als Unterbrechung des Trennungsjahres ansehen. Im Zweifel muss der Beweis geführt werden, ob eine Versöhnung weit über drei Monate hinausging und damit das Trennungsjahr neu zu laufen beginnt.

Manchmal kommt es vor, dass Mandantinnen zu mir kommen und beispielsweise sagen: »Bei meiner Freundin wurde der Unterhalt aber anders berechnet, sie erhält wesentlich mehr Unterhalt. Ginge das bei mir auch?« Dann muss ich leider abwinken. Kein Fall ist wie der andere. Beim Unterhaltsrecht ist dies besonders spürbar.

So kann es bei einer Mandantin sein, dass sie wesentlich höheren Trennungsunterhalt erhält als eine andere Mandantin, da der Ex wesentlich mehr Einnahmen erwirtschaftet. Anderes Beispiel: Die Exmänner beider Mandantinnen verdienen gleich viel Geld, während die Mandantinnen keine Einnahmen haben. Auf den ersten Blick würde man meinen, dass jede von ihnen dann auch gleich viel Trennungsunterhalt erhalten würden. Nun ist es aber bei dem einem Exmann so, dass er zwei minderjährigen Kinder aus erster Ehe hat, denen er Kindesunterhalt zahlen muss, sodass dieser somit erhöhte abzugsfähige Positionen hat und sich dadurch der Anspruch der einen Mandantin verringert.

Er will keinen Trennungsunterhalt zahlen!

Wenn du diejenige bist, die nur wenig bis überhaupt nichts verdient, er dagegen schon und somit Unterhalt zahlen kann, sich aber verweigert, dann mache Folgendes: Beauftrage eine Anwältin mit einem Aufforderungsschreiben zur Auskunft und Zahlung an deinen Ex.

Ein Beispiel für ein anwaltliches Auskunftsschreiben könnte so lauten: *»Hiermit werden Sie aufgefordert, Auskunft über Ihre Einkommenssituation durch Vorlage der letzten 12 Gehaltsabrechnungen und dem letzten Einkommenssteuerbescheid zu erteilen. Sie erhalten hierzu Erledigungsfrist bis zum 2. 7. 2024.«*

Stelle du ebenfalls deine letzten zwölf Gehaltsabrechnungen nebst Ausgaben zusammen und übergib sie deinem Rechtsanwalt; wenn du nicht arbeitest, natürlich nicht.

Nach fruchtlosem Fristablauf, wenn die Gegenseite nicht reagiert, lasse deinen Anwalt einen *gerichtlichen Antrag* stellen. Wenn du in diesem Zeitraum kein Geld zur Verfügung hast, wird dein Anwalt für dich einen Antrag auf Bewilligung von *Verfahrenskostenhilfe* stellen. Sprich dies zur Sicherheit direkt im ersten Gespräch an und kläre das ab.

Dann nimmst du mit deinem Anwalt den *Gerichtstermin* wahr. Bei Verurteilung des Pflichtigen und dennoch ausbleibenden Zahlungen wird er einen Gerichtsvollzieher mit der Vollstreckung beauftragen.

Natürlich benötigt dies alles Zeit. Dir steht aus diesem Grund der Weg offen, vorsorglich *Sozialleistungen zu beantragen.* Du kannst einen *Antrag auf Bürgergeld* stellen *oder/und einen Antrag auf Wohngeld.* Beides ist formlos via E-Mail möglich. Bürgergeld muss beim Jobcenter des Ortes, an dem jemand wohnt, gestellt werden. Der Antrag auf Wohngeld in Dortmund ist bei der Stadt Dortmund zu stellen. Suche dir im besten Fall die Kontaktdaten von deiner Wohngeldbehörde heraus.

Wichtig schon mal vorab: Für die Beantragung von Wohngeld benötigst du in aller Regel einen Personalausweis, eine Meldebestätigung, eine Verdienstbescheinigung (auszufüllen vom Arbeitgeber), den Einkommensnachweis (Arbeits- oder Ausbildungsvertrag. Suche diese Unterlagen am besten schon mal alle zusammen, wenn du glaubst, dass du wohngeldberechtigt sein könntest.

Ich möchte dich an dieser Stelle stark machen und dir Mut machen. Solltest du dich in einer finanziell schwierigen Lage befinden, so sei dir sicher, dass diese kein Grund ist, von einer längst überfälligen Trennung abzusehen.

Deine Situation wird nicht besser, wenn du die Themen nicht endlich angehst. Das Finanzielle lässt sich regeln.

Wichtig ist natürlich, dass du ein eigenes Konto eröffnest, damit das Geld überwiesen werden kann. Auch wenn du kein Einkommen hast, zumindest derzeit nicht, hast du einen Anspruch auf ein sogenanntes *Basiskonto*.

§

Was sagt das Gesetz?

Seit 2016 hat jeder Verbraucher in Deutschland den Anspruch auf ein Zahlungskonto mit grundlegenden Funktionen (Basiskonto, sogenanntes *Zahlungskonto* für alle). Niemand soll mehr aufgrund eines fehlenden Kontos sozial und wirtschaftlich ausgegrenzt sein. Dies ergibt sich aus dem *Zahlungskontengesetz*.

Wenn er kein Geld hat oder unter dem Selbstbehalt liegt, musst du Geld bei den Behörden beantragen. Ich gebe dir vollständig recht, wenn du nun sagst: »Das dauert bestimmt ewig.« Nun ja, von heute auf morgen geht es nicht, deshalb ist es ja die beste Entscheidung gewesen, dieses Buch zu lesen, da du hier eindringlich vorbereitet wirst auf, das, was anstehen kann. Du kannst somit deine Trennung planen. Möglicherweise kannst du dir auch ein wenig Geld für den Start in dein oder euer neues Leben leihen. Viele Mandanten und Mandantinnen haben das schon gemacht. Es kommt natürlich entscheidend darauf an, ob das soziale Umfeld die finanziellen Möglichkeiten dazu hat.

Aber sei dir sicher: Auch ohne Finanzspritze von Angehörigen oder Freunden kenne ich keinen einzigen Mandanten, der unter der Brücke schlafen musste.

Schnelle Hilfe ... Kindesunterhalt

Kinder sind teuer, hierüber sind wir uns alle einig. Der Kindesunterhalt dient dazu, das Existenzminimum des Kindes sicherzustellen. Damit ist der Kindesunterhalt zweckgebunden und dient dem Kindeswohl und somit ausschließlich den Interessen des Kindes. Im Unterschied dazu ist der Trennungsunterhalt zur finanziellen Unterstützung des weniger verdienenden Ehegatten im Zuge einer Trennung gedacht.

Solltest du mit deinem Ex Kinder haben und die Kinder nach der Trennung bei dir leben, haben deine Kinder einen Anspruch auf den sogenannten *Barunterhalt*. Dieser wird bei minderjährigen Kindern zu Händen des betreuenden Elternteils gezahlt.

Barunterhalt wird also von demjenigen gezahlt, der die Kinder nicht dauerhaft betreut, sondern lediglich sein Umgangsrecht ausübt. Derjenige, der die Kinder überwiegend betreut, leistet dagegen den *Naturalunterhalt*. Barunterhalt muss durch dich, als vertretungsberechtigte Mutter, geltend gemacht werden.

§

Was sagt das Gesetz?

Aus § 1601 BGB ergibt sich, dass Verwandte in gerader Linie verpflichtet sind, einander Unterhalt zu gewähren.

Es versteht sich an dieser Stelle von selbst, dass Barunterhalt nur dann zu leisten ist, wenn die Eltern eines Kindes getrennt voneinander leben. Andernfalls geht man davon aus, dass beide Elternteile in einem Haushalt Naturalunterhalt in Gestalt von Essen, Kleidung, Wohnen u. v. m. leisten.

Viele Mandantinnen fragten mich, ob Kindesunterhalt auch geleistet werden muss, wenn die Eltern nicht miteinander verheiratet waren. Die Antwort lautet: Ja, auch dann muss derjenige, der nicht mit dem Kind unter einem Dach wohnt, Kindesunterhalt in Gestalt von Barunterhalt leisten.

Wenn du zu den zahlreichen Müttern zählen solltest, deren Exmänner nicht freiwillig bezahlen, muss zunächst der Anspruch auf Auskunft gegenüber dem Kindesvater geltend gemacht werden. Dein Ex muss nämlich Auskunft über seine Einnahmen erteilen. Zu den Einkünften zählt dabei nicht nur das monatliche Gehalt, sondern u. a. auch Gratifikationen, Mieteinnahmen etc. Dann ist im nächsten Schritt das bereinigte Einkommen zu errechnen. Dies macht man, in dem man die abzugsfähigen Positionen von dem durchschnittlichen Einkommen abzieht.

Achtung: Nicht sämtliche monatlichen Kosten sind auch abzugsfähig. Miete, Strom und Telefonkosten sind beispielsweise *nicht* abzugsfähig. Mehr dazu liest du auch im Kapitel: »Das bereinigte Nettoeinkommen«.

Erkundige dich, welche Regelungen in deinem Bundesland gelten. Für Nordrhein-Westfalen gelten z. B. die Hammer Leitlinien. Insgesamt gibt es folgende Unterhaltsleitlinien der einzelnen Oberlandesgerichte:

- Brandenburg (1. 1. 2024)
- Braunschweig (1. 1. 2024)
- Bremen (1. 1. 2024)
- Celle (1. 1. 2024)
- Dresden (1. 1. 2024)
- Düsseldorf (1. 1. 2024)
- Frankfurt (1. 1. 2024)
- Hamburg (1. 1. 2024)
- Hamm (1. 1. 2024)
- Kammergericht (1. 1. 2024)
- Koblenz (1. 1. 2024)
- Köln (1. 1. 2024)
- Naumburg (1. 1. 2024)
- Oldenburg (1. 1. 2024)
- Rostock (1. 1. 2024)
- Saarbrücken (1. 1. 2024)
- Schleswig (1. 1. 2024)
- Süddeutschland – SüdL (1. 1. 2024)
- Thüringen (1. 1. 2024)

Am besten beauftragst du ohnehin eine Rechtsanwältin mit der Verfolgung der kindesunterhaltsrechtlichen Ansprüche. Unterhaltsrecht ist sehr komplex, sodass dir eine Fachanwältin für Familienrecht am besten weiterhelfen kann. Eine erfahrene Familienrechtsanwältin kennt die Rechtsprechung und weiß, worauf es in Unterhaltsverfahren ankommt. Sie ist in der Lage, fundiert und substanziiert vorzutragen, dies hat sie schließlich in jahrelangem Aktenstudium an der Uni und in der beruflichen Praxis gelernt. Auch kennt sie die Fallstricke, die lauern könnten.

§

Was sagt das Gesetz?

Wenn du weißt, wie hoch das tatsächlich bereinigte Nettoeinkommen deines Ex ist, kannst du in der *Düsseldorfer Tabelle* nachlesen, wie hoch der *Kindesunterhaltsanspruch* tatsächlich ist.

Jedenfalls rate ich dir, dich einmal unterhaltrechtlich beraten zu lassen. Wenn du den falschen Betrag überweist und auf einmal ein gerichtlicher Antrag vorliegt, dann hast du im Zweifel Extrakosten wie Gerichtskosten und Anwaltskosten. Diese Kosten kannst du umgehen, wenn du dich anwaltlich beraten lässt und dir den Betrag, den du zu zahlen hast, einmal ausrechnen lässt.

Heute wird nur noch die Düsseldorfer Tabelle einheitlich in allen Bundesländern Deutschlands als Richtlinie zur Unterhaltsberechnung herangezogen. Anhand der Düsseldorfer Tabelle wird festgehalten, wie viel an Kindesunterhalt zu leisten ist.

Sollte dein Ex nach Berechnung des Kindesunterhaltes seinen Job aufgeben, mutwillig sozusagen, dann wird ihm sein Einkommen fiktiv angerechnet.

Fiktiv bedeutet dabei, dass es sich um tatsächlich nicht vorhandenes Einkommen handelt. Auch wenn es dir nicht nachvollziehbar erscheint: Ich habe schon erlebt, dass Männer ihren Job aufgegeben haben, nur damit sie keinen Unterhalt zahlen müssen. Manche Männer haben bei gutem Einkommen drei bis vier Kinder oder mehr. Natürlich reißt dann der zu leistende monatliche Kindesunterhalt ein großes Loch in die Kasse, sodass der Anreiz zu arbeiten für den Mann sinkt.

So haben nicht wenige Männer, die zur Zahlung von Kindesunterhalt verpflichtet worden sind, ihre Arbeit gekündigt bzw. haben sich kündigen lassen. Dies führt jedoch, was diese Männer nicht wussten, nicht dazu, dass sie nicht mehr zahlen mussten. Die Familiengerichte rechnen nämlich in diesen Fällen Einkommen, das hätte erwirtschaftet können, fiktiv hinzu. Sicher: Zwangsvollstreckungsrechtlich ist dies eine andere Sache. Aber der richterliche Beschluss wird nicht anders ausfallen, als hätte der Unterhaltspflichtige die Arbeit weiterhin ausgeführt und den Lohn erwirtschaftet.

Es gibt Fälle, in denen der Mann die Kinder gar nicht mehr sehen darf. Aber Kindesunterhalt muss er dennoch zahlen. Das ist für den Pflichtigen bitter und unbefriedigend. Offen gestanden kann ich dies nachvollziehen! Es ist gewiss ein blödes Gefühl, jeden Monat mehrere Hundert Euro Kindesunterhalt leisten zu müssen für ein Kind, das man nicht sehen darf. Dahinter stehen verschiedene Gründe wie Entfremdung, erhebliche Entfernung, auch Bindungsintoleranz der Mutter oder anderes. Das ist nicht einfach. Letztlich muss der Kindesunterhalt aber gezahlt werden, wie es das Gesetz in § 1601 BGB bestimmt.

Ich höre häufig Klagen von Mandanten, die Kindesunterhalt an die Kindesmutter zahlen müssen, dass der Kindesunterhalt nicht für die Kinder verwendet wird, sondern für die monatliche Maniküre der Kindesmutter, den monatlichen Friseurbesuch der Kindesmutter und weiteren persönlichen Angelegenheiten. Auch hier ist es so, dass ich die Kindesväter, die davon betroffen sind, zu hundert Prozent verstehen kann. Das Problem ist aber: Dagegen kann niemand vorgehen. An dieser Stelle müsste nachweisbar sein, dass der Kindesunterhalt nicht für das Kind verwendet wird. Dies ist aber praktisch nahezu unmöglich. So muss ich dann an dieser Stelle enttäuschte Kindesväter noch mehr enttäuschen, wenn ich ihnen dann sage, dass sie den Kindesunterhalt trotzdem weiterzahlen müssen.

Sollte dein Ex nach Berechnung des Barunterhaltes diesen nicht fristgerecht zahlen, ist der Weg frei zum Familiengericht. Ein *Antrag auf Zahlung von Kindesunterhalt* ist im Zweifel schnell diktiert und geht in der heutigen Zeit mittels des besonderen elektronischem Anwaltspostfachs (beA) direkt und zeitnah an das Familiengericht raus.

§

Was sagt das Gesetz?

In der Regel ist das Familiengericht örtlich zuständig, in dessen Bezirk ein Elternteil mit den gemeinsamen minderjährigen Kindern wohnt. Diese örtliche Zuständigkeit regelt der § 122 S. 1 FamFG.

Solltest du zwischenzeitlich Geld benötigen, kann die *Unterhaltsvorschusskasse* helfen. Unterhaltsvorschuss ist eine besondere Hilfe für Kinder von Alleinerziehenden. Alleinerziehende, die für ihr Kind keinen oder nicht regelmäßig Unterhalt erhalten, können Unterhaltsvorschuss beantragen.

Unterhaltsvorschuss gibt es also dann, wenn dein Kind keinen Unterhalt bekommt. Unterhaltsvorschuss wird höchstens bis zum vollendeten 18. Lebensjahr gezahlt. Er beträgt für Kinder bis fünf Jahre monatlich bis zu 174 €, für Kinder von sechs bis elf Jahren monatlich bis zu 232 €. Dein Einkommen als alleinerziehender Elternteil ist dabei unerheblich.

Nähere Informationen hierzu erhältst du auf der Internetseite *www.Bmfsfj.de.*

SOS! Plötzlich getrennt – ohne Geld

Du stehst ohne Geld da? Er hat dich und die Kinder verlassen und verdient selbst gutes Geld? Dann gehe wie folgt vor:

1. Teile der *Kindergeldkasse* mit, dass das Kindergeld ab sofort auf dein Konto gezahlt wird.
2. Hole dir beim Amtsgericht einen Beratungshilfeschein für die Themen Kindesunterhalt und Trennungsunterhalt.
3. Suche eine *Anwältin* für Familienrecht auf und bitte sie, den Kindesunterhalt sowie den Trennungsunterhalt geltend zu machen und weise sie bereits im ersten Gespräch darauf hin, dass du glaubst, dass dein Ex nicht einfach so zahlen wird.
4. Er hat nach der anwaltlichen Aufforderung keine Auskunft über sein Einkommen erteilt und auch nichts gezahlt? Dann beauftrage deine Anwältin damit, das Geld in einem *einstweiligen Anordnungsverfahren nebst Hauptsacheverfahren* geltend zu machen. So erhältst du schneller einen Beschluss (Urteil).
5. Verfasse eine *eidesstattliche Versicherung* für den einstweiligen Anordnungsantrag, in der du darlegst, dass du und die Kinder ohne Geld dastehen und er genügend Geld verdient, um euch Unterhalt zu zahlen.

Intelligent getrennt

Die eidesstattliche Versicherung muss folgenden Vortext enthalten: *»Hier-*

mit versichere ich, [deinen Namen einfügen], *in Kenntnis der Tatsache, dass ich mich bei unwahren Behauptungen strafrechtlich verantwortlich mache, an Eides statt folgenden Sachverhalt:…«* Und dann schreibst du deinen Text, unterschreibst und gibst die Erklärung deiner Anwältin.

6. Gehe zum Jugendamt und beantrage zur Not Unterhaltsvorschuss. Dieser beträgt derzeit 230 € monatlich für Kinder bis zu 5 Jahren, 301 € monatlich für Kinder von 6 bis 11 Jahren und 395 € monatlich für Kinder vom 12. bis zum 17. Jahr. Unterhaltsvorschuss wird im Zweifel bis zur Volljährigkeit gezahlt. Der Unterhaltspflichtige wird dann zu gegebener Zeit eine Abrechnung seitens der Unterhaltsvorschusskasse erhalten.
7. Gehe erst mal alle Wege, um an Geld zu kommen. Stelle alle Anträge, die gehen. Wichtig ist aber, dass du dem Familiengericht gegenüber sagst, wenn du von anderer Stelle noch Gelder beziehst.

Wenn der Unterhaltspflichtige den Kindesunterhalt nicht sicherstellen kann, tritt der Staat mit Unterhaltsvorschuss ein. Sofern es jedoch beim Ehegattenunterhalt zum Mangelfall kommt, geht man leer aus.

8. Beantrage Bürgergeld. Auch Wohnkosten können übernommen werden. Erkundige dich!
9. Frage Freunde oder Familie, ob sie dir mit einem gewissen Betrag aushelfen können, bis du deine Finanzen wieder im Griff hast.
10. Verkaufe Gegenstände, die du nicht mehr benötigst auf Ebay-Kleinanzeigen. Auch kleines Geld hilft in dieser Situation.

Du schaffst das. Es haben schon so viele andere vor dir geschafft!

Übrigens: Wenn er nichts verdient, dann halte dich erst mal an die Punkte 6, 8, 9 und 10.

Werde zur Expertin deiner eigenen Trennungsreise

Vielleicht denkst du nach all den Ausführungen nun: »Ui, was muss ich da alles beachten, und woran muss ich alles denken?« Ja, stimmt! Bis zu diesem Punkt hast du bereits sehr viel Input erhalten. Dieses Buch soll dich schließlich fit machen und dich zur Expertin deiner eigenen Trennungsgeschichte machen.

Stelle dir deine Trennung vor wie eine große Reise. Jeder Weg beginnt bekanntlich mit dem ersten Schritt. Nach und nach lichtet sich das Feld. Die Dinge müssen nur einmal angestoßen werden, dann läuft es irgendwann auch.

Die meisten meiner Mandantinnen kommen nach ca. vier bis sechs Monaten zu mir und berichten, wie es ihnen so ergangen ist. Ich würde sagen, ca. 98 % fühlen sich nach diesen Monaten stärker, befreit, energiegeladen und glücklicher als vor der Trennung. Du kannst das auch schaffen! Ich wiederhole das in dem Buch immer wieder, weil so viele Mandantinnen vor allem das bezweifeln, aber so viele Beispiele es belegen.

Eine der wichtigsten Regeln beim Sich-Trennen lautet, dass du die Initiative ergreifst und selbst den Takt dafür vorgibst, was wann passiert. Du musst aktiv werden, auch wenn manche Schritte dir vielleicht unangenehm erscheinen. Es hilft nichts, das zu verdrängen oder auf später zu verschieben.

Wie du schon gemerkt hast, sind manche Handlungen, die ich gebetsmühlenartig wiederhole und die du im Akutfall setzen musst, besonders drängend. Um dich selbst zu schützen, führt kein Weg daran vorbei.

Wenn du dich trennst, achte darauf, dass du deinen Ex unmittelbar nach der Trennung, nach Möglichkeit im selben Monat, in Verzug setzt.

Dies ist eine der Maßnahmen, die du unmittelbar setzen solltest. So läufst du nicht Gefahr, dass dir Unterhalt entgeht. Übrigens, falls dir diese Formulierung irgendwie hinterlistig erscheint. Keine Sorge, es handelt sich lediglich um einen juristischen Ausdruck: *Inverzugsetzen* bedeutet schlicht und ergreifend die Aufforderung zu zahlen.

Es heißt, dass der Unterhaltsbetrag, der gezahlt werden soll, angemahnt wird und eine Zahlungsfrist festgelegt wird: »*Hiermit werden Sie aufgefordert, monatlichen Trennungsunterhalt in Höhe von 500 € zum jeweils dritten Werktag eines jeden Monats zu zahlen. Der Betrag ist erstmals fällig zum 3. 6. 2024. Nach fruchtlosem Ablauf der vorgenannten Frist kann unverzüglich gerichtliche Hilfe in Anspruch genommen werden.*« So kann ein Inverzugsetzen formuliert werden.

Dich über möglichst viel zu informieren, wird dir Sicherheit bringen. Dies auf mehreren Ebenen: einmal über juristische Fakten und Schritte, die zu setzen sind, aber auch darüber, wie du dir selbst mental weiterhelfen kannst. Und besonders wichtig ist es auch, um Hilfe zu bitten und dir ein Netzwerk zu schaffen, dass dir über schwierige Zeiten hinweghelfen kann. Was garantiert nicht hilft, ist, dich in eine Runde mit enttäuschten Menschen zu begeben, in der nur geschimpft wird und in der nur Frustrationen ausgetauscht werden. Das zieht dich irgendwann mit runter. Orientiere dich an Menschen, die trotz Enttäuschungen, Schicksalsschlägen dem Leben positiv gegenüberstehen, die weitergemacht haben.

Natürlich darfst und sollst du trauern um deine Beziehung, um Träume, die sich nicht erfüllt haben. Du darfst auch mal laut schreien, deiner Wut Ausdruck verleihen, aber lasse sie nicht dein Leben übernehmen.

Sei gewiss, deine Beziehungsreise ist nicht zu Ende, nur weil du dich trennst oder verlassen wurdest. Du kannst die Weichen in dein neues Leben selbst stellen und deine Zukunft in die Hand nehmen. Es ist auch Arbeit an dir selbst, deine Beziehung aufzuarbeiten, zu reflektieren, aber es wird dich weiterbringen! Das meine ich damit, wenn ich sage: Werde zur Expertin deiner Beziehungsreise!

Zugewinn, Trennungsfolgevereinbarung und Gütertrennung

Um den Zugewinn ranken sich ebenso viele Geschichten wie um den Unterhalt. Und natürlich kann es auch kompliziert werden. Ich erkläre dir, worauf es ankommt. Ein Beispiel: Angenommen, beide Eheleute haben zu Beginn der Ehe kein Anfangsvermögen. Am Ende der Ehe hat sie ein Endvermögen in Höhe von 50.000 € und er ein Endvermögen in Höhe von 70.000 €. Die Differenz hieraus beträgt 20.000 €, sodass er an sie den hälftigen Zugewinn in Höhe von 10.000 auszahlen muss.

Was sagt das Gesetz?

§ 1378 des BGB regelt diese sogenannte »Ausgleichsforderung«.
Wichtig ist: Wenn der Zugewinn nicht

> freiwillig gezahlt wird, so muss ein Zugewinnausgleichsverfahren eingeleitet werden. Der Zugewinn, die Erklärung des Begriffes und weiteres ergeben sich aus § 1373 ff BGB.

Unter dem Zugewinn in einer Ehe versteht man also die *Vermögenssteigerung*. Ein Zugewinn liegt vor, wenn das Endvermögen am Ende der Ehe höher ist als das Anfangsvermögen zu Beginn der Ehe. Einfach erklärt, vergleicht man am Ende einer Ehe, wer wie viel Vermögen hinzugewonnen hat. Der jeweilige Zugewinn wird dann hälftig geteilt. Der Zugewinn, den die Ehegatten in der Ehe erzielt haben, wird somit bei einer Scheidung auf Antrag ausgeglichen.

Beantragt keiner den Ausgleich des Zugewinns, findet auch kein Ausgleich statt.

Das *Zugewinnausgleichsverfahren* ist aus Anwaltssicht zwar ein lukratives Mandat, es kann aber auch sehr langwierig, schwierig und kompliziert sein. Der Klassiker: das gemeinsame Haus. Dies stellt in aller Regel Zugewinn dar.

Das Thema Zugewinn ausführlich darzustellen, würde in diesem Ratgeber den Rahmen sprengen. Nur so viel: Hast du während eurer Ehe Vermögen angehäuft und hast den Zugewinnausgleich nicht via Ehevertrag ausgeschlossen, so ist der Zugewinn durchzuführen. Wie und in welcher Höhe, entscheidet der Einzelfall. Ein Zugewinnausgleichsverfahren erfordert meist einen Rechtsbeistand, der sich mit den Fallstricken des Zugewinnausgleichs auskennt. Ich würde dir, sofern der Zugewinn bei dir strittig sein sollte, niemals empfehlen, ohne Anwalt vorzugehen. Dies führt dich rasch ins juristische Nirwana.

Sicherlich ist es nicht günstig, einen Anwalt zu beauftragen. Je nach Verfahrenswert fallen die Kostennoten für die Durchführung eines Zugewinnausgleichsverfahrens hoch aus. Aber: In der Regel ist dies gut investiertes Geld.

Wo wir gerade beim Thema sind: Hast du einen Ehevertrag abgeschlossen, oder versucht dein Ex dir gerade einzureden, dass ihr jetzt, wo ihr getrennt seid, eine *»Trennungsfolgevereinbarung« abschließen solltet und dort den Zugewinn ausschließt?*

Intelligent getrennt

Vorsicht! Wenn du dich nun von ihm gedrängt fühlst, nimm dies als Warnsignal. Ich habe schon oft erlebt, dass Frauen in der Trennung von ihren Ehemännern einen Entwurf über eine Vereinbarung vorgelegt bekommen, haben u. a. mit dem Passus: *»Es wird der gesetzliche Güterstand der Gütertrennung vereinbart.«* Wenn in so einer Vereinbarung dann nicht mit aufgeführt ist, wie der Zugewinn bis dato aufgeteilt wird, dann rate ich dir dringend davon ab, so etwas zu unterzeichnen.

Verträge, und so eine Vereinbarung ist letztlich ein Vertrag, haben ihre Tücken. Sie müssen schon sehr genau geprüft werden und sollten niemals einfach so unterschrieben werden. Du könntest leer ausgehen. Und dieses Risiko willst du nach den ganzen Ehejahren bestimmt nicht eingehen. Lasse den Vertrag also immer (!) von einer Juristin prüfen.

An dieser Stelle möchte ich jedoch der Vollständigkeit halber nicht unerwähnt lassen, dass derartige Vereinbarungen einvernehmlich aufgehoben oder abgeändert werden können. Eine derartige Vereinbarung kann auch wegen arglistiger Täuschung, Erklärungsirrtum oder widerrechtlicher Drohung angefochten werden. Dies ist aber jeweils im Einzelfall zu prüfen.

Es ist nicht zwingend schlecht, eine *Trennungsfolgevereinbarung* abzuschließen. Es bietet die Möglichkeit, die Rechtsverhältnisse zwischen Eheleuten kreativ und fair zu gestalten. Aber lasse dich bitte vor Abschluss einer solchen Vereinbarung rechtlich beraten.

Zur Trennungsfolgen- oder Scheidungsfolgenvereinbarung liest du auch im nächsten Kapitel. Diese muss übrigens von einem Notar beglaubigt werden, damit sie wirksam ist.

Es gibt Menschen, die sich fragen: Wieso sollte der Zugewinn überhaupt geteilt werden? Angenommen ein Ehepartner ist mega erfolgreich und erwirtschaftet richtig viel Vermögen, während der andere nur zu Hause ist und die Früchte trägt, aber selbst nichts verdient.

Nun ja, der Gesetzgeber geht davon aus, dass ein Zugewinn auf einer Seite auch immer auf die Mithilfe des anderen Ehegatten zurückzuführen ist. Der *Grundsatz der Solidargemeinschaft der Ehe* spielt hier mit ein. So sollen auch beide Ehepartner vom Vermögenszuwachs profitieren.

§

Was sagt das Gesetz?

Der § 1378 BGB wurde als der Regelfall bei der Eheschließung installiert. Diese besagt in Abs.1: »*Übersteigt der Zugewinn des einen Ehegatten den Zugewinn des anderen, so steht die Hälfte des Überschusses dem anderen Ehegatten als Ausgleichsforderung zu.*«

Wenn sich nun vor der Eheschließung bereits zeigt, dass einer von beiden vermögend ist und

der andere überhaupt kein Vermögen hat, das sich mehren wird, so macht es natürlich Sinn, vor der Ehe einen Ehevertrag abzuschließen und den gesetzlichen Güterstand der Gütertrennung zu vereinbaren.
Die *Gütertrennung* ist in § 1414 BGB verankert und dieser besagt: *»Schließen die Ehegatten den gesetzlichen Güterstand aus oder heben sie ihn auf, so tritt Gütertrennung ein, falls sich nicht aus dem Ehevertrag etwas anderes ergibt. Das Gleiche gilt, wenn der Ausgleich des Zugewinns ausgeschlossen oder die Gütergemeinschaft aufgehoben wird.«*

Gütertrennung bedeutet, dass kein Vermögensausgleich stattfindet. Jeder Ehegatte behält sein Vermögen für sich.

An dieser Stelle möchte ich mit einem weit verbreiteten Irrtum aufräumen:

Gütertrennung muss nicht vereinbart werden, damit die Eheleute wechselseitig nicht für ihre Schulden aufkommen müssen.

Man haftet folglich als Ehepartner grundsätzlich nicht für *Schulden*, die der andere Ehepartner aufgenommen hat. Nur wenn beide Eheleute gemeinsam einen Kreditvertrag unterzeichnen oder einer eine Bürgschaftserklärung abgegeben hat, sind beide in der Haftung.

Zurück zur Trennungsfolgevereinbarung: Solltest du dich gerade in so einer Situation befinden, dass dein Partner dich unter Druck setzt zu unterschreiben, so bleibe cool. Sage deinem Ex, dass du diesen Entwurf zunächst von einem Anwalt prüfen lassen wirst, und du dich erst danach dazu äußern wirst. Es besteht keine Eile. Du musst überhaupt nichts unterschreiben, wenn du nicht willst.

Erinnere dich stets daran: Du bist die Expertin deiner Trennungsreise!

Die Trennung vollziehen oder »wer zieht aus?«

So, du hast es geschafft und hast ihm mitgeteilt, dass du dich trennen möchtest, oder er hat sich von dir getrennt. Nun steht ihr vor der Herausforderung, formelle Dinge zu klären, Konten zu trennen, Eigentum zu übertragen und vieles mehr.

Nachfolgend erfährst du, wie du vorgehen kannst, um die Trennung zu vollziehen, sofern er noch nicht ausgezogen ist bzw. du noch nicht ausgezogen bist. Du kannst aber auch von dem Nachfolgendem profitieren, wenn ein Auszug bereits stattgefunden hat, denn dann gibt es immer noch Unmengen zu klären.

Wer zahlt nach Trennung die Miete?

Nun wirst du dich fragen, wie du in Zukunft allein die Miete für die einst gemeinsame angemietete Wohnung zahlen sollst. Musst du die Miete allein zahlen?

Wenn ihr beide den Mietvertrag unterschrieben haben, haftet ihr *»gesamtschuldnerisch«*. Das heißt: Der Vermieter kann zwar die Miete pro Monat nur einmal verlangen, er kann sie aber von jedem Ehegatten in voller Höhe verlangen. Der Vermieter kann sich also aussuchen, an welchen Ehegatten er sich hält. Dass der ausgezogene Ehegatte weiterhin für die Miete mithaftet, sagt aber noch nichts darüber aus, wer intern – also im Verhältnis der Eheleute untereinander – für die Miete aufkommen muss. In bestimmten Fällen kann der ausgezogene Ehegatte, der weiterhin ganz oder teilweise die Miete zahlt, Ersatz von dem anderen Ehegatten fordern, der in der Wohnung geblieben ist.

Intelligent getrennt

Wenn er nun zum Beispiel aus Rache die Mietzahlungen einstellt und du keinen Job hast, da du dich stets um die gemeinsamen Kinder gekümmert hast, solltest du die *Leistungsbehörden* einschalten und dort um finanzielle Unterstützung bitten, in dem du Leistungen beantragst.

Wenn du gar kein Geld zur Verfügung hast, solltest du dich beim Jobcenter vorstellen und dort einen Antrag auf Bewilligung von Bürgergeld stellen. Wenn du Arbeitslosengeld beantragen musst, kannst du auch dazu die entsprechenden Antragsformulare im Internet finden. Der Kindergeldkasse solltest du mitteilen, dass das Kindergeld ab sofort auf dein Konto geht.

Möglicherweise steht dir auch Wohngeld zu. Hierzu musst du unter die entsprechenden Einkommensgrenzen fallen. Wohngeld wird jeweils für 12 Monate bewilligt. Erkundige dich hierzu am besten bei der jeweiligen Stadt, in der du wohnst oder recherchiere im Internet.

Solltest du keinen Kindesunterhalt zu erwarten haben, kannst du bei der Unterhaltsvorschusskasse Unterhaltsvorschuss für deine Kinder beantragen. Die Unterhaltsvorschusskasse findest du beim örtlich zuständigen Jugendamt. Achtung: Unterhaltsvorschuss ist natürlich nicht so hoch wie der Mindestkindesunterhalt. (Mehr zur Höhe des Unterhaltsvorschusses findest du im Kapitel »SOS!« ab Seite 103)

Die Behörden prüfen dann inzident, also sozusagen nebenbei, ob dein Ex in der Lage ist, für dich und die Kinder Unterhalt zu zahlen. Parallel dazu kannst du deinen Anwalt bitten, im Wege der einstweiligen Anordnung mögliche Unterhaltsansprüche durchzusetzen.

Und: Keine Panik. Sowas dauert manchmal einige Wochen, aber der Weg ist das Ziel. Es kommt niemand und wirft dich und die Kinder binnen weniger Tage und Wochen aus der Wohnung.

Es gibt immer Mittel und Wege, und wenn alles nichts hilft, such dir eine andere Wohnung. Dies ist oft sowieso besser, weil du mit den alten Räumen oft viel Schlechtes in Verbindung bringst. Natürlich ist es gerade heutzutage nicht so einfach, eine passende Wohnung zu finden. Aber glaube mir, bis jetzt hat noch fast jede eine Wohnung gefunden. Allerdings sollte man sich zumindest zeitweise von dem Gedanken lösen, »die Traumwohnung« zu finden. Hauptsache ist, dass erst mal Wohnraum vorhanden ist. Schritt um Schritt wird sich dann deine Zukunft weiter klären.

Am besten schaust du dich auf den gängigen Portalen wie Immobilienscout oder Immonet um. Parallel dazu solltest du eine eigene Wohnungsanzeige aufgeben, in der Zeitung oder zum Beispiel bei Ebay-Kleinanzeigen. Natürlich kannst du auch einen Makler beauftragen. Gehe auch mit offenen Augen durch die Stadt; manchmal sieht man an

Häusern ein Schild mit »zu vermieten«. Airbnb ist für kurzfristigen Wohnraum auf Zeit eine gute Alternative. Und auch Frauen-Online-Netzwerke helfen oft weiter!

Du schaffst das!

Wer behält die Wohnung?

Wenn du in der Situation bist, dass ihr beide Miteigentümer einer Immobilie seid, laufen natürlich die monatlichen Verbindlichkeiten ebenfalls weiter. Seien wir mal ehrlich: Die wenigsten Immobilien sind abbezahlt in der heutigen Zeit. Wenn er diesbezüglich die Zahlungen einstellen sollte, so kann dies kritisch werden.

Wenn klar ist, dass keiner von euch sich die Immobilie alleine leisten kann, dann seid so vernünftig und versucht, die Immobilie nach erfolgter Bewertung zu verkaufen. Den Erlös teilt ihr untereinander auf und so geht ihr auch finanziell auseinander.

Klar kann das hart sein, wenn man sich den Traum vom eigenen Haus erfüllt hat und dieser nun zu zerplatzen droht. Aber: Was hast du von einem Eigenheim, wenn du innerlich unglücklich bist? Dann besser eine kleine Wohnung anmieten oder kaufen, Tür zu und Schluss. Dann hast du Ruhe, und wenn du Kinder hast, auch sie. Wenn ihr euch im Hinblick auf das Haus nicht einigen könnt, gibt es die gesetzliche Möglichkeit des Zugewinnausgleichsverfahrens, das weiter oben schon besprochen wurde (siehe Seite 34). Das Zugewinnausgleichsverfahren wird dann beantragt, wenn sich die Eheleute nicht über den Wert des Hauses einigen können, wenn sie meinen, einer von ihnen habe mehr in die Immobilie eingebracht als der andere oder Ähnliches. Dann muss ein Familiengericht entscheiden. Häufig wird ein Gutachter zur Bewertung der Immobilie mit einbezogen. So ein Verfahren kann teuer werden.

> Ich habe oft erlebt, wie sich Paare wegen einer Immobilie zerfleischt haben. In keinem einzigen Fall kam etwas Positives dabei raus.

Es wurden viele Nerven gelassen, es wurde viel zu viel Geld für gerichtliche Verfahren ausgegeben und am Ende gab es keine Gewinner. Also: Einigt euch besser!

Sicherlich ist es einfach gesagt, aber Zugewinnausgleichsverfahren strecken sich über lange Zeiträume. Sie kosten einiges an Geld, das ihr beide sicher besser verwenden könnt. Am besten einigt man sich mit einer bereits geschilderten Trennungsfolgen- oder Scheidungsfolgenvereinbarung. Diese wird von Anwälten aufgesetzt und muss von einem Notar beglaubigt werden. Ohne notarielle Beglaubigung wäre eine solche Vereinbarung unwirksam.

Eine *Scheidungsfolgevereinbarung* regelt die Zeit zwischen der bereits stattgefundenen oder beabsichtigten Trennung und der Scheidung. Du kannst darin regeln, ob auf den Versorgungsausgleich verzichtet wird, wie der Zugewinn ausgeglichen wird, wie der Hausrat verteilt wird, wie hoch der Trennungs- bzw. nacheheliche Unterhalt sein wird u. v. m.

Intelligent getrennt

Achte darauf, dass dein Anwalt ein deeskalierender Zeitgenosse ist. Die guten Familienrechtler sind nicht die, die laut keifen, ständig Probleme schaffen und keine Kompromisse eingehen. Nein! Die guten Familienrechtler sind die, die lösungsorientiert, deeskalierend und mandantenorientiert vorgehen. Glaube mir, so kommst du schneller an dein Ziel!

Mache dir bewusst, ob du in der Lage sein kannst, das Haus allein zu halten, in finanzieller Hinsicht. Wenn die Antwort Nein lautet, dann sollte klar sein, dass dein Partner in der Immobilie bleibt und dich auszahlt, sofern er sich die Immobilie alleine leisten kann.

Übrigens ist es egal, ob nur einer von euch oder ihr beide im Grundbuch steht. Wenn die Immobilie während der Ehe gemeinsam angeschafft wurde, ist sie *Zugewinn* und hieraus steht euch beiden die Hälfte zu.

Bedenke auch: Wenn du in eurem Haus wohnst, hat dein Ex Anspruch auf Zahlung eines »*Wohnwertes*«. Wer in einer eigenen Immobilie wohnt, also einem Eigenheim oder einer Eigentumswohnung, muss sich den Wohnwert dieser Immobilie als zusätzliches Einkommen anrechnen lassen. Denn wohnst du als unterhaltsberechtigte Ehegattin nach der Trennung mietfrei in eurem Eigenheim, liegt darin ein finanzieller Vorteil, der im Unterhaltsrecht *Wohnvorteil* genannt wird.

Ich gebe dir ein einfaches Beispiel: Ein Ehemann erwirtschaftet als Angestellter 3000 € netto. Nachdem seine Ehefrau mit den gemeinsamen Kindern ausgezogen ist, bewohnt er das eheliche Haus allein. Der Wohnwert des Hauses wird mit 1100 € angesetzt und wird somit seinem Nettoeinkommen hinzugerechnet. Somit wird bei dem Ehemann von einem Nettoeinkommen in Höhe von 4100 € ausgegangen.

Wie du an diesem Beispiel siehst, erhöht der Wohnvorteil, also die Tatsache, dass der Ehemann mietfrei in dem ehelichen und abbezahlten Haus wohnt, seine Leistungsfähigkeit. Dies wird unterhaltsrechtlich zu würdigen sein, wenn es um die Frage geht, in welcher Höhe der monatliche Trennungsunterhalt zu leisten ist.

Ich muss zugeben, während ich schreibe, merke ich, dass dieses Thema ein einzelnes Buch füllen würde. Es ist unmöglich, die ganzen Fallstricke, die zugewinnrechtlich sowie auch unterhaltsrechtlich auf dich zukommen könnten, im Rahmen dieses Buches abzuhandeln. *Folge mir dazu auch gern auf Instagram!*

Du weißt aber nunmehr fürs Erste, was du tun kannst, wenn dich ein Wohnungszuweisungsverfahren beschäftigen sollte. Wenn du nicht in dem Haus/oder der Wohnung bleiben kannst, warum auch immer, dann lies weiter!

Wo wirst du wohnen?

Wenn du aus der gemeinsamen Ehewohnung oder aus dem ehelichen Haus ausziehen möchtest, wirst du gute Gründe dafür haben. Es ist auch nicht so, dass es dir schadet, wenn du diejenige bist, die als Erste auszieht und damit die räumliche Trennung herbeiführt. Wie wir ja nun wissen, gilt seit 1977 das Zerrüttungsprinzip und nicht mehr das Verschuldensprinzip.

> Achtung! Es kann dir nachteilig ausgelegt werden, wenn du minderjährige Kinder hast und du diese zunächst bei deinem Exmann lässt, während du in einer andere Wohnung oder in ein anderes Haus umziehst.

Wenn mehrere Monate vergehen, und du dann deine Kinder in die neue Wohnung holen willst, könnte der andere dir dies mit dem Argument verweigern, dass du die Kinder allein und einfach zurückgelassen hättest. Diese Verfahren, das Aufenthaltsbestimmungsrecht betreffend, können leider sehr schmutzig werden.

Das Aufenthaltsbestimmungsrecht ist ein Teilbereich der elterlichen Sorge. Also: Wenn du diejenige warst, die die Betreuung eurer Kinder immer sichergestellt hat, dann nimm die Kinder bei deinem Auszug direkt mit, auch wenn das aufwendig erscheint.

Was du wissen musst, ist, dass wenn du aus einer gemeinsamen Mietwohnung oder aus einem angemieteten Haus ausziehst, und du somit auch im Mietvertrag stehst, du diese Besitzverhältnisse aufgibst. Du haftest jedoch trotzdem gegenüber dem Vermieter.

Ich habe es bereits erlebt, dass ein Exmann das zuvor gemeinsam bewohnte Haus komplett zerstört hat. Die Türen waren eingetreten, die Wände schwarz angemalt, die Fußböden waren kaputt und vieles mehr. Am Ende wollte der Vermieter Ersatz des entstandenen Schadens. Dreimal darfst du raten, wer die Zeche zahlen musste. Ganz genau. Die Frau, die dort schon einiger Zeit nicht mehr wohnte.

Es konnte jedoch niemand beweisen, wer den Schaden angerichtet hatte. Somit konnte sich der Vermieter an beide Ehegatten wenden und hat den Anspruch gegenüber der Frau geltend gemacht. Diese haftete nämlich gesamtschuldnerisch gemäß § 421 BGB. Sie konnte den Anspruch natürlich im Innenverhältnis gegen den Exmann geltend machen. Sie hat aber im Ergebnis darauf verzichtet, da ihr dies alles zu anstrengend war.

Wohnung oder Haus zur Miete

Wenn ihr zur Miete wohnt, gibt es natürlich einen Mietvertrag zwischen euch und dem Vermieter. Bei einer Trennung zieht in der Regel einer von euch beiden aus oder es ziehen beide aus und suchen sich neuen Wohnraum. In beiden Fällen muss der bestehende Mietvertrag, wenn er von euch beiden unterzeichnet wurde, von euch beiden gemeinsam gekündigt werden.

Es hört sich einfach an, ist es aber leider in der Praxis nicht immer, denn: Häufig wird das einvernehmliche Unterzeichnen der Kündigung des Mietverhältnisses zu einer Mammutaufgabe. Nämlich dann, wenn sich einer von beiden weigert, zu unterschreiben.

Ich hatte eine Mandantin, die ihrem Ehemann dreimal ein Kündigungsschreiben vorgelegt hat. Eine Kündigung hatte der Ehemann angezündet, die andere Kündigung hat er zerrissen und die dritte Kündigung nicht beachtet.

»Was soll ich tun, Frau Günther?«, fragte mich die Mandantin damals verzweifelt. Sie hatte seinerzeit bereits neuen Wohnraum gefunden und wollte verständlicherweise nicht zwei Mietverhältnisse aufrechterhalten. Da der Ehemann meiner Mandantin derart stur war, habe ich für meine Mandantin einen gerichtlichen Antrag gegen den Ehemann auf Zustimmung zu der in Rede stehenden Kündigung gestellt.

Derartige Verfahren gehen in der Regel einfach so durch. Im schlimmsten Fall ersetzt das Familiengericht in solchen Fällen die Zustimmung des Antragsgegners.

Du siehst also, wie immer gibt es einen Weg und getreu meinem Motto: »Für jedes Problem gibt es mindestens eine Lösung.«

Intelligent getrennt

Du musst übrigens auch gemeinsam das Mietverhältnis kündigen, wenn du in der Wohnung bleiben möchtest. Das Mietverhältnis mit euch gemeinsam wird dann gekündigt und im nächsten Schritt wird ein neues Mietverhältnis mit dir eingegangen.

Natürlich vorausgesetzt, dass du die Bonität hast und dir die Wohnung leisten kannst. Wenn du dir die Wohnung nicht leisten kannst, solltest du bei dem für dich zuständigen Amt vorsprechen und Leistungen beantragen. Das Jobcenter zahlt nämlich für sechs Monate auch dann die Miete, wenn die Wohnung zu teuer oder zu groß für dich und mögliche gemeinsame Kinder ist. Es wird jedoch in aller Regel ein Kostensenkungsverfahren eingeleitet, in welchem die Betroffenen dazu verpflichtet sind, günstigeren Wohnraum zu beschaffen. Erst danach kann es zu Kürzungen kommen.

Wie sich das im konkreten Fall verhält, betrifft das Sozialrecht, sodass ich diesen Punkt in diesem Zusammenhang lediglich anschneide, jedoch nicht näher ausführe.

Sollte dein Ex dir ohnehin genügend Unterhalt bezahlen, wirst du das Jobcenter wahrscheinlich nicht benötigen.

In seltenen Fällen hängen beide Eheleute mit ganzem Herzen an der Ehewohnung und keiner von beiden möchte ausziehen. Dann fühlt sich das gewiss so an wie in dem Film »Der Rosenkrieg«. Die Eheleute versuchen, sich das Leben zur Hölle zu machen, bis einer von beiden aufgibt. An Wohnraum zu hängen, halte ich für keine gute Entscheidung. Wenn sich die Eheleute nicht einig werden, sollten beide den Mietvertrag kündigen.

Was sagt das Gesetz?

Die Kündigungsfrist ergibt sich aus § 573 c BGB zu den Mietverhältnissen. Danach ist die Kündigung spätestens am dritten Werktag eines Kalendermonats zum Ablauf des übernächsten Monats zulässig.

Wenn beide Eheleute im Mietvertrag stehen, müssen beide die Kündigung unterzeichnen. Wenn nur einer im Mietvertrag steht, dann muss nur derjenige die Kündigung unterzeichnen, der im Mietvertrag steht.

Wenn *nur er im Mietvertrag* steht, dann wird es bereits schwieriger denn: Wenn er wirksam zu einem Zeitpunkt X kündigt und du, die nicht im Mietvertrag steht, zum Ende der Mietzeit noch keine neue Wohnung hat, stehst du erst mal da – ohne Wohnraum! Es bleibt dann nur zu hoffen, dass dein Ex noch absprachefähig und kooperativ ist. Wenn nicht, solltest du dir überlegen, wo du in der Übergangsphase, ohne Wohnraum, vorläufig unterkommen kannst. Möglicherweise kannst du auch an den Vermieter der vormals bewohnten Wohnung herantreten und bitten, die Wohnung selbst anmieten zu können. Dies hängt natürlich von deiner individuellen finanziellen Situation ab.

Wohneigentum

Wenn du und dein Ex Wohneigentum haben, somit in einer eigenen Immobilie wohnen, dann gelten andere Regeln als bei Mietverhältnissen.

In der Regel stehen beide Ehegatten im Grundbuch. Dies bedeutet, dass das Haus beiden zur Hälfte gehört. Die wenigsten Immobilien sind abbezahlt. Somit zahlen die Eheleute monatliche Raten, meistens an Banken.

Mandanten fragen mich bei Eigentum oft, was sie nun damit machen sollen. Die einen hängen an ihrer langersehnten Immobilie, die anderen wollen sie möglichst schnell loswerden.

Es gibt mehrere Wege, sich aus dieser Situation zu befreien.

- Ein Weg ist es, die *Immobilie gemeinsam zu verkaufen.* In derartigen Fällen ist es sinnvoll, die Immobilie schätzen zu lassen, am besten von einem Makler. Wenn der Verkauf in Einigkeit geschieht, wird der

Verkauf abgewickelt, die Schulden werden gegengerechnet und der letztliche Erlös wird dann den Eheleuten hälftig geteilt. Fertig!
Diese Variante funktioniert aber nur so einfach, wenn sich die Eheleute einig sind, und nicht von Wut und Groll geplagt sind.

- Ein anderer Weg ist es, dass *einer der Ehegatten in der Immobilie verbleibt,* den anderen Ehegatten auszahlt und dieser dann aus dem Grundbuch ausgetragen wird. Dieser Weg funktioniert aber nur, wenn der in der Immobilie verbleibende Ehegatte über die finanziellen Mittel verfügt, den anderen auszuzahlen. Dies stellt in der Praxis häufig ein Problem dar; viele können kein weiteres Darlehen aufnehmen und verfügen auch nicht über genügend Bargeld. In diesen Fällen wählen die meisten Betroffenen den Weg der Veräußerung der Immobilie. Das kann zwar bitter sein, ist aber meist das Vernünftigste. Es empfiehlt sich in diesen Fällen, ein offenes Gespräch mit der finanzierenden Bank zu führen.
- Eine weitere Möglichkeit ist, dass einer der Ehepartner in der Immobilie wohnen bleibt und *beide weiterhin im Grundbuch* stehen und die Immobilie nicht verkaufen. Für diese Variante entscheiden sich die Leute, die die Immobilie weiter abbezahlen wollen, um diese für gemeinsame Kinder zu erhalten. Allerdings muss der in der Immobilie Lebende an den Ehegatten ab Aufforderung eine Art Miete für dessen Eigentumsanteil zahlen. Der sogenannte *Wohnwert* ermittelt sich aus den marktüblichen Mieten für ähnliche Objekte in ähnlicher Lage und Größe. Ferner ist es so, dass derjenige der im Haus wohnen bleibt, die laufenden Kosten für das Haus zahlt.

Du siehst an dieser Stelle bereits, wie vielschichtig die Einigungsmöglichkeiten sind. Du musst für dich wissen, welche Variante für dich die Beste ist, wenn du dich gerade in dieser Lage befindest.

Es gibt natürlich noch die *Möglichkeit, die Immobilie an Dritte zu vermieten* und sich den Mietzins hälftig zu teilen.

Die Erfahrung hat mir in den gesamten Jahren gezeigt, dass es oft besser ist, bezüglich einer gemeinsamen Immobilie reinen Tisch zu machen. Somit gibt es diesbezüglich keine gemeinsam zu treffenden Entscheidungen mehr.

Intelligent getrennt

Wenn du dich gegenwärtig um eure Immobilie streitest, dann bedenke, dass eine streitige Verhandlung vor dem Familiengericht mit erheblichen Kosten verbunden ist. Ich rate dir somit, obgleich ich mein Geld mit streitigen Sachverhalten verdiene, dich mit deinem Partner zu einigen, sofern dies irgendwie geht. Ihr könnt beide viel Geld einsparen.

Häufig begegnet man dem Rat, einfach das *Schloss austauschen* und den Ex so auszusperren und vor vollendete Tatsachen zu stellen.

Unter normalen Umständen, wenn keine häusliche Gewalt vorliegt, darf das Schloss erst ausgetauscht werden, wenn der Ehepartner den Wohnraum verlassen und seine persönlichen Gegenstände mitgenommen hat. Damit sich das nicht endlos hinzieht, rate ich dir dazu, deinem Ex ein Schreiben zuzusenden, indem du ihm drei Termine zur Abholung seiner persönlichen Gegenstände und Sachen nennst. Setze ihm eine Frist, innerhalb derer er auf dein Schreiben antworten soll.

Ich habe viele Mandanten erlebt, die ihren Ehepartner

einfach aussperren. Von innen den Schlüssel stecken zu lassen, ist dabei oft das erste Mittel der Wahl. Wieder andere wechseln tatsächlich einfach das Schloss aus.

§

Was sagt das Gesetz?

Was viele nicht wissen, ist, dass derjenige, der ausgesperrt wird, einen Anspruch auf Wiedereinräumung des Besitzes gemäß § 1361 b BGB hat.

Das Verweigern der Ehewohnung kann nur begründet sein, wenn ein weiteres Zusammenleben eine unbillige Härte darstellt, wie z. B bei Ausübung massiver Gewalt. In Gewaltschutzangelegenheiten sollte jedoch formell korrekt vorgegangen werden. Ein Familiengericht kann bei entsprechendem Antrag die Ehewohnung einem der Ehegatten zuweisen.

Hausrat – und wer bekommt welche Möbel?

Wenn du mit deinem Ex verheiratet bist, sind sämtliche Möbel, die ihr gemeinsam angeschafft habt, unter euch aufzuteilen. Ich sage dir, es macht keinen Sinn, sich mit einzelnen Gegenständen aufzuhalten, dir sollten deine Ruhe und dein Seelenfrieden am Ende wichtiger sein. Ich habe es häufig erlebt, dass sich Paare wegen eines geliebten Sessels oder sogar einer kleinen Vase wechselseitig zerfleischt haben; dies bis hin zu einem gerichtlichen Verfahren. Derartige Gerichtsverfahren sind müßig, kosten die Beteiligten sehr viel Nerven, Zeit und Geld. Wenn außerdem gemeinsame Kinder vorhanden sind, macht es die Sache nur noch schlimmer. Lasse die Finger davon, gib den geliebten Sessel im Zweifel frei und fang neu an!

Loslassen lautet das Zauberwort.

Ich habe selbst eine schwierige Trennung durchlebt, das kannst du genauer im Buch »Wenn Liebe toxisch wird« nachlesen. Mir war kein einziger Gegenstand so wichtig, dass ich mich darin verloren hätte. Aber das ist bestimmt auch eine Typfrage, und wenn du gerade denkst: »Nein, da hat die Sandra aber unrecht, ich will alles exakt aufgeteilt haben«, dann ist das auch okay. Du hast natürlich immer die Möglichkeit, den Hausrat gerichtlich aufteilen zu lassen. Was am Ende dabei herauskommt, bleibt abzuwarten.

Einfacher haben es diejenigen, die *Prozesskostenhilfe* bekommen, da die Kosten zunächst einmal der Landeskasse auferlegt werden, sofern die Klage Erfolgsaussichten hat. Übrigens, das Wort Prozesskostenhilfe wurde im Familienrecht durch das Wort *Verfahrenskostenhilfe* ersetzt, gemeint ist aber dasselbe. Wie du sie beantragst und was du dazu tun musst, findest du in diesem Buch an anderer Stelle (siehe S. 88).

§

Was sagt das Gesetz?

Du musst bedürftig sein, somit nicht über die finanziellen Mittel für ein Verfahren verfügen, der Antrag darf nicht mutwillig gestellt sein und der Antrag muss eine hinreichende Aussicht auf Erfolg haben. Dies ist den Vorschriften aus § 114 ZPO zu entnehmen.

Wenn du dich trennst und ihr seid nicht verheiratet, dann nimmt jeder die Möbel mit, die er mit in die Beziehung hineingebracht hat oder während der Beziehung vom eigenen Geld gekauft hat. Easy.

Die Möbel, die ihr gemeinschaftlich angeschafft habt, müsst ihr natürlich teilen. Geh dabei aber nicht zu engstirnig vor, es sind nur Gegenstände und diese sind in der Regel ersetzbar. Glaube mir, es erspart dir viel Anstrengung.

Es gibt Paare, die genau Buch über die Dinge führen, die angeschafft wurden und drüber, wer was bezahlt hat. Ich bin persönlich kein Typ dafür. Es entspricht so gar nicht meinem Charakter. Aber nichtsdestotrotz: Festzuhalten, wer was gekauft und bezahlt hat und dabei die Rechnungen aufzubewahren, kann viel Ärger ersparen. Wenn es nämlich bei euch um wertvolle Gegenstände geht und ihr nicht mehr feststellen könnt, wer was gekauft hat, dann wird es schwierig.

Seid ihr nicht verheiratet, und ihr streitet euch z. B. um ein wertiges USM-Haller-Regal (Anschaffungspreis mehrere Tausend Euro) und ihr habt keine Rechnung mehr, dann seid ihr darauf angewiesen, dass ihr beide fair zueinander seid. Dies würde bedeuten, dass ihr ehrlich damit umgeht, wer das Regal tatsächlich gekauft hat.

Wenn die Fairness auf der Strecke geblieben ist, und du weißt ganz sicher, dass du das Regal, das er nun in seiner neuen Wohnung stehen hat, gekauft hast, musst du die Herausgabe des Regals einklagen.

§

Was sagt das Gesetz?

Aus § 985 BGB ergibt sich, dass der Eigentümer von dem Besitzer die Herausgabe der Sache verlangen kann.

Okay. Soweit super – es gibt eine Möglichkeit. Aber: Wenn du die Gegenseite außergerichtlich aufforderst, das Regal herauszugeben, kann diese verlangen, dass du nachweist, dass du das Regal gekauft hast und somit Eigentümerin des

Regals bist. Wenn du dann keine Rechnung über den Kauf hast oder Zeugen, die bei dem Kauf zugegen waren, dann sieht es leider nicht so gut aus für dich. Im Zweifel würde der Antrag auf Herausgabe zurückgewiesen.

Ja, das ist bitter. Es gibt auch Fälle, wo die betreffenden Gegenstände auf einmal für gewisse Zeit verschwinden. So kann in einem gerichtlichen Verfahren behauptet werden, dass man die Sache gar nicht besitzt und wäre an diesem Punkt dann rechtlich auch raus.

Wenn du dagegen verheiratet bist, dann gibt es die Möglichkeit eines Hausratverteilungsverfahrens.

§

Was sagt das Gesetz?

Gemäß § 1361 a I BGB kann während der Trennung jeder Ehepartner, die in seinem Alleineigentum stehenden Hausratsgegenstände vom anderen Ehepartner herausverlangen. Aber auch hier gibt es den Fluch der Beweislast. Hausratsgegenstände, die beiden gemeinsam gehören, müssen aufgeteilt werden. Zur Not mit richterlicher Hilfe, was in der Praxis aber oft zu unbefriedigenden Ergebnissen führt.

Aus § 1568 b I BGB ergibt sich: *»Haushaltsgegenstände, die für den gemeinsamen Haushalt angeschafft wurden und daher im Miteigentum der Ehepartner stehen, kann jeder Ehepartner nach der Scheidung gemäß § 1568b Abs.1 BGB vom anderen heraus und übereignet verlangen, wenn er auf die Nutzung der Gegenstände mehr angewiesen ist als der andere Ehepartner und dies der Billigkeit entspricht.«*

Im besten Fall lässt man sich ausbezahlen, wobei natürlich der Abnutzungswert der Gegenstände zu berücksichtigen ist.

Während der *Trennungsphase* kann übrigens jeder Ehepartner Haushaltsgegenstände, die in seinem Alleineigentum stehen, vom anderen Ehepartner gemäß § 1361a Abs.1 BGB herausverlangen. Aber auch hier muss das Eigentum an der Sache im schlimmsten Fall nachgewiesen werden. Also: Du bist gut damit beraten, die Rechnungen gut abzuheften. So bist du im Ernstfall gut vorbereitet.

Bei *Zuwendungen*, somit *Geschenken*, sieht es so aus, dass diese behalten werden dürfen. Es gibt jedoch eine Ausnahme: Wenn das Geschenk für den Schenkenden einen außergewöhnlichen Wert hatte oder das Geschenk durch eine finanziell besonders herausragende Leistung des Schenkers gemacht wurde, kann das Geschenk im Einzelfall zurückverlangt werden.

Die Trennung und ihre Begleiterscheinungen

Eine Trennung ist zwar schnell ausgesprochen. Die Sachverhalte, die im Zuge einer Trennung dann aber zu klären sind, sind meist nicht von heute auf morgen geregelt. Die Trennungsabwicklung benötigt Geduld, Zeit, Nerven und Besonnenheit.

Die gemeinsamen Freunde

Bei Paaren, die lange zusammen waren, bleibt es oft nicht aus, dass sie sich einen gemeinsamen Freundeskreis aufgebaut haben. Ich höre oft von meinen Mandantinnen, dass die Freundschaften im Zuge einer Trennung leiden. Menschen neigen dazu, sich auf die eine oder andere Seite zu stellen. Die wenigsten sind dazu in der Lage, in so einer Situation neutral zu bleiben und sich rauszuhalten. Je nachdem, welche Vorwürfe im Raum stehen, schließen sich gemeinsame Freunde dem einen oder dem anderen Ehepartner an.

Ich finde es nicht verkehrt, wenn man in einer langen Partnerschaft auch eigene Freundschaften pflegt; Freundinnen und Freunde, die nur dir »gehören«, in jeder Lebenslage zu dir stehen und dir ihr Ohr leihen. Wenn du nun in der Situation bist, dass sich Freunde von dir abwenden, dann sei nicht traurig. Du wirst neue Freunde finden. Möglicherweise kannst du auch frühere Freundschaften, die unter eurer Beziehung gelitten haben, wieder aufleben lassen.

Insgesamt finde ich es meist besser, wenn man sich in der Trennungsphase von gemeinsamen Freunden distanziert. Das Sprichwort lautet nicht umsonst »Zu viele Köche verderben den Brei« oder? Je mehr Gespräche mit gemeinsamen Freunden geführt werden, desto mehr besteht die Möglichkeit, in deinem Kopf ein Chaos anzurichten. Deshalb: Bleib bei deiner Linie, höre auf dich, auf dein Inneres und handle danach.

Intelligent getrennt

Es gibt leider kein Rechtsanspruch auf gute Freunde – ebenso wenig wie einen Paragrafen, der zusichert, dass die guten Freunde in Trennungssituationen an deiner Seite sind. Ich kann dir nur den Tipp geben: Wenn du gute Freunde hast, dann pflege diese Freundschaften. Auch und ganz besonders, wenn du in einer Beziehung bist. Die meisten vergessen ihre guten Freunde, wenn sie meinen, die Liebe ihres Lebens gefunden zu haben. Aber sind es nicht die guten und wahren Freunde, die auf ewig bleiben? Also: Melde dich regelmäßig bei ihnen, gratuliere ihnen zum Geburtstag, verabredet euch (auch ohne Partner), plant einen Kurztrip, leihe auch deinerseits deinen guten Freunden dein Ohr. Nicht, damit du etwas zurückbekommst, sondern, weil du sie zu schätzen weißt und sie dir wichtig sind.

Die manchmal gar nicht so liebe Familie des anderen

Ganz schwierig ist es, weiterhin Kontakt mit der Familie des Ex zu halten. Auch hier komme ich mit einem Sprichwort, nämlich: »Blut ist dicker als Wasser«. In den meisten Fällen, Ausnahmen bestätigen die Regel, ist es auch so. Auch wenn die Familie während der Beziehung oder Ehe, solange sie lief, nicht immer zugegen war und dich vielleicht häufig sogar in Schutz genommen hat, wenn ihr Streit hattet, ist der Familienverbund immer fester als andere Bindungen. Du wirst den Kürzeren ziehen, wenn du dich allein auf den Rückhalt aus seiner Familie verlässt. Er ist und bleibt das Kind seiner Eltern, so wie wir alle. Und so werden seine Eltern ihn auf ewig beschützen, wenn es gute Eltern sind.

Ich selbst habe dies ebenfalls erlebt und habe mich nach einer langwierigen Trennung zunächst einmal von der Familie meines Ex distanziert. Seine gesamte Familie war mit mir sehr verbunden. Wir haben uns häufig gesehen, waren auf einer Wellenlänge. Seine Mutter war wie eine Tante für mich. Ich hätte es allerdings nicht ertragen, weiterhin an deren Tisch zu sitzen, mit ihnen auszugehen oder sonstiges in dem Wissen zu unternehmen, dass er eine andere hat und ich eigentlich nicht mehr dazugehöre. Ich hatte auch Angst, dass mir zufällig jemand von ihm und ihr erzählt. Somit habe ich die Kontakte auf ein Minimum reduziert. Heute, mehr als ein Jahrzehnt später, habe ich wieder guten Kontakt zu allen. Ich habe allerdings Abstand zur Vergangenheit gewonnen und seine Familie genauso.

Ich rate dir: Wenn du dich in einer akuten Trennungssituation befindest, dann wahre erst mal Distanz.

Mit Distanz meine ich, dass du dich von gemeinsamen Aktivitäten erst mal zurückziehen solltest. So etwas geht fast immer nach hinten los. Es ist immer jemand dabei, dem eine unangebrachte Aussage »herausrutscht«, der taktlos ist, der blöde Fragen stellt, der dich verunsichert oder noch trauriger oder wütender macht.

Ich würde diese Straße daher nicht gehen, sondern einen anderen Weg wählen. Den Weg der Sicherheit, mit deinen Freunden und deiner Familie. Die Distanz muss ja nicht für immer sein, aber zumindest so lange, bis du alles verarbeitet hast. Sicherlich ist es schwieriger, wenn gemeinsame Kinder vorhanden sind. Aber auch in dieser Situation ist es möglich, die Distanz zu wahren. Der Kontakt zu den Großeltern des Ex wird ohnehin von deinem Ex gehalten. Mache dich erst mal rar, äußere dich nicht großartig. So kann ein Konflikt nicht unnötig hochkochen.

Wenn die Angehörigen deines Expartners den Kontakt trotzdem zu dir suchen und du dich nicht bereit fühlst, so formuliere dies ganz klar. Du könntest sagen, dass du derzeit zu belastet bist und ein Gespräch aus diesem Grund nicht führen kannst. Stelle in Aussicht, dass du dich zu einem späteren Zeitpunkt wieder meldest, wenn es dir besser geht und es nichts mit ihnen zu tun hast, wenn du dich nun etwas zurückziehst. Oder schreibe ihnen, dass du sie zwar in deinem Herzen hast, aber momentan etwas Abstand brauchst.

Sollte deine Erklärung nicht ernst genommen werden, oder wenn du dich stärker abgrenzen willst, so könntest du schreiben:

- »Ich habe um Abstand gebeten und bitte euch, dies zu respektieren«, oder
- »Ab sofort werde ich euch nicht mehr antworten. Ich brauche Ruhe und das müsst ihr respektieren.«

In extremen Streitsituationen steht es dir frei, die betreffenden Personen zu blockieren und zu ignorieren. Du musst die Erwartungen der anderen nicht erfüllen! Dein Bauchgefühl ist dabei dein bester Wegweiser. Immer in deinem Tempo. Wenn du etwas nicht möchtest, ist es dein gutes Recht, das klar zu sagen. Stehe ein für dich und dein Recht, respektiert zu werden. Ich sage dir: Dafür wird insgeheim jeder Verständnis haben.

Wenn sie es dann immer noch nicht verstehen, fühl dich frei, den Kontakt abzubrechen. Notfalls sogar, indem du die Nummern blockierst.

§

Was sagt das Gesetz?

Gemäß § 1685 I BGB haben Großeltern das Recht auf Umgang mit den Kindern, wenn dies dem Kindeswohl entspricht. § 1626 III BGB bestimmt außerdem: »Zum Wohl des Kindes gehört in der Regel der Umgang mit beiden Elternteilen. Gleiches gilt für den Umgang mit anderen Personen, zu denen das Kind Bindungen besitzt, wenn ihre Aufrechterhaltung für seine Entwicklung förderlich ist.«

Wie du siehst, ist es gesetzlich fixiert, dass Großeltern ihre Enkel sehen dürfen, aber: Im Streitfall muss positiv festgestellt werden, dass der Umgang zwischen Großeltern und Kindern der positiven Entwicklung förderlich ist. Der Umgang mit den Großeltern darf den Kindern somit nicht nur nicht schaden, sondern er muss zusätzlich positiv festgestellt werden. Die Hürden für Großeltern sind damit hoch und gerichtliche Antragsabweisungen sind eher die Regel als die Ausnahme.

Wenn du also merkst, dass die Großeltern väterlicherseits dir nicht wohlgesinnt sind und die Kinder zwischen euch stehen, so rate ich dir, dies beim Jugendamt anzusprechen. Von dort aus wird geklärt, wie damit umgegangen wird. Ein Trost: Elternrecht geht vor Großelternrecht.

Dein Geld gehört dir: Schluss mit gemeinsamen Konten

Sorge bei deiner Trennung unbedingt dafür, dass gemeinsame Konten getrennt werden. Besonders bei einer plötzlichen Trennung und einem Gemeinschaftskonto ist schnelles Handeln gefragt.

- *Eröffne bei einer Bank deiner Wahl ein eigenes Konto.* Solltest du ihm zu irgendeinem Zeitpunkt eine Vollmacht über ein Konto oder sonstiges Vermögen erteilt haben, so widerrufe diese Vollmacht sofort. Es kommt leider vor, dass Expartner bestehende Gemeinschaftskonten leerräumen. Damit dies nicht geschehen kann, wende dich auch direkt an deinen Bankberater und teile diesem mit, dass ihr euch getrennt habt. Rechtlich gesehen steht jedem von euch die Hälfte des Betrages auf dem bestehenden Gemeinschaftskonto zu.
- Um ein gemeinsames Konto aufzulösen, wird die *Zustimmung beider Kontoinhaber* benötigt. Sollte ein Ehepartner seine Zustimmung verweigern, kann eine sogenannte *Zahlungsumleitung* veranlasst werden. So können Gelder auf dem bestehenden Konto aufgeteilt werden, ohne dass der andere den Zugriff auf die Gelder nimmt und der andere leer ausgeht.
- Ihr habt *gemeinsame Sparkonten*? Ich rate dir dazu, die Hälfte des bestehenden Sparvermögens abzuheben. Dieses ist im Zweifel Zugewinn, der ohne-

hin hälftig zu teilen ist. Ich habe es so oft in meiner anwaltlichen Praxis erlebt, dass ein Ehepartner das gesamte Sparvermögen abgehoben und ausgegeben hat. Der Zugewinnausgleichsanspruch besteht dann zwar weiterhin, aber wenn jemand kein Geld mehr hat, alles ausgegeben hat oder sich ins Ausland abgesetzt hat, dann nutzt ein gerichtlicher Beschluss auch nicht viel. Also: Besser vorsorgen, als das Nachsehen haben. Du hast etwas *Bargeld?* Behalte es bei dir und gib es nicht auf die Bank. So hast du einen kleinen Puffer, denn du im Zuge der Trennung gut gebrauchen kannst. Die Anschaffung neuer Möbel, die Zahlung einer Mietkaution, das erste Gespräch bei einer Anwältin u. v. m. können dazu führen, dass du auf dein Barvermögen angewiesen bist.

- *Wichtige Mitteilungen* – Kindergeldkasse, Arbeitgeber und sonstige: Sobald du ein eigenes Konto hast, solltest du deinen Arbeitgeber, die Kindergeldkasse und sonstige Stellen, die dir regelmäßig Geld überweisen, darüber informieren, dass sie in Zukunft das Geld auf dein neues Konto anweisen und das alte Konto ab sofort nicht mehr zur Verfügung steht.

Das Finanzielle muss geordnet sein, das ist ganz wichtig in einer Trennungssituation. Ich rate dazu, eine Trennungsfolgevereinbarung abzuschließen. Darin könnt ihr die Aufteilung eures Vermögens abschließend regeln und fair auseinandergehen. (Mehr dazu im Kapitel »Die Trennung und das liebe leidige Geld«.)

Intelligent getrennt

Ich erlebe immer wieder Mandantinnen, die mir sagen, dass alles vom Gemeinschaftskonto ihres Mannes abgebucht

> wird und der Hauptverdiener der Mann ist. In diesen Fällen ist es schlauer, erst mal die Finger von der Kontentrennung zu lassen und einfach nur ein eigenes Konto einzurichten. Auf dieses kann dann schon mal der eine oder andere Betrag überwiesen werden, während die laufenden Kosten weiterhin vom bestehenden Gemeinschaftskonto bedient werden. Es gib nämlich nicht nur diejenigen, die die Konten leerräumen, sondern auch jene, die brav weiter alle Rechnungen bezahlen. Erfahrungsgemäß kann mit dieser Spezies eine vernünftige Einigung bezüglich der Finanzen getroffen werden.

Denk aber auch daran: Bei einem gemeinsamen Konto haftet ihr beide gegenüber der Bank als Gesamtschuldner.

Wenn du also noch kein eigenes Konto hast, so ist jedenfalls jetzt der Zeitpunkt, dir ein eigenes Konto einzurichten. Schließlich wirst du ja, wenn er zahlungsfähig ist, Unterhalt von ihm bekommen. Es sei denn, du bist diejenige von euch, die mehr verdient. Dann bist du in der Situation, eventuelle Trennungsunterhalt leisten zu müssen.

Achte in diesem Fall auch darauf, dass auch dein Gehalt auf ein neues, eigenes Konto überwiesen wird. So hast du die bessere Kontrolle über das Geld.

Ich kann es gar nicht oft und eindringlich genug sagen, weil es in der Praxis immer wieder zu großen Problemen deshalb kommt: Es ist wirklich wichtig, ein eigenes Konto zu haben, und wenn es nur ein Basiskonto ist, auf das heutzutage nahezu jede Person einen Anspruch hat.

Eine meiner Mandantinnen hatte Einnahmen, die auf ein Gemeinschaftskonto überwiesen wurden. Dies auch noch, nachdem sie die Trennung ausgesprochen hatte. Ihr Ehemann hatte dann ihr Gehalt und sein Gehalt vollständig ausgegeben. Das Konto geriet dadurch ins Minus, die monatlichen Verbindlichkeiten wurden in diesem Monat nicht gezahlt. Ein schlimmer Zustand. Er wollte meiner Mandantin einfach eins auswischen. Zum Glück hat sie nach diesem Vorfall direkt ein eigenes Konto eingerichtet, sodass sich dieser Vorfall nicht wiederholen konnte.

Natürlich kann es vorkommen, dass ein wütender Ex oder eine enttäuschte Ex den Kreditrahmen ausschöpft und den Dispositionskredit bis zum Anschlag ausreizt. Bestehende *Kreditkarten* sollten, wenn es etwas zu befürchten ist, daher besser gesperrt werden. Bei einer Trennung sollte die Zusatzkarte unbedingt zurückgefordert werden, um schlimmeren Szenarien vorzubeugen. Eine Zweitkarte sollte gekündigt werden, um sicherzustellen, dass die Karte nicht mehr aktiv ist.

Gemeinsame *Kredite* sind zunächst einmal auch weiterhin gemeinsam zu bedienen. In meiner Erfahrung hat es sich als gut bewährt, wenn Betroffene in die bestehenden Kredite nicht mit verpflichtet waren, also die Kreditverträge nur von einem der Eheleute unterschrieben waren. Denn somit ist man als Betroffene im juristischen Sinne kein Kreditnehmerin.

Eine andere meiner Mandantinnen, hatte mehrere »geheime« Konten, auf welche sie im Verlauf der vielen Ehejahre einiges an Geld eingezahlt hatte. Das Geld stammte von den nicht unerheblichen Einnahmen ihres Mannes. Die Frage, die sie sich stellte, lautete: »Muss ich diese Konten überhaupt angeben?« Meine Antwort: »Definitiv ja!« Spätestens im Zugewinnausgleichsverfahren war die Mandantin dazu verpflichtet, wahrheitsgemäß Auskunft über bestehendes Vermögen zu geben. Alles andere wäre strafrechtlich relevant gewesen. Da sie es mir erzählt hatte, konnte ich dies natürlich nicht ignorieren.

Deine Chance – erfinde dich neu!

Ich weiß nicht, an welchem Punkt du gerade stehst. Ob du traurig bist, dass er dich für eine andere Frau verlassen hat oder ob du froh bist, dass du dich endlich getrennt hast, da es schon lange nichts mehr war zwischen euch. Jedenfalls erlebe ich es häufig bei meinen Mandantinnen, dass diese sich nach einer Trennung neu erfinden. Ich bewundere das!

Eine Mandantin hatte in wenigen Monaten eine Halbierung ihres Körperumfangs erreicht, die nächste kam mit neuen Extensions in die Kanzlei. Wieder eine andere Mandantin erfuhr in dem Trennungsprozess über sich selbst, dass sie auf Frauen steht. Egal, wie die Veränderung aussieht, für deine emotionale Lage ist diese Veränderung gut.

Betrachte die Trennung als eine Chance.

Vielleicht klingt das ein bisschen zu verklärt für dich. Aber da die Situation nun mal ist, wie sie ist, gibt es nur zwei Möglichkeiten: es negativ sehen oder die positiven Aspekte zu betonen. Es hat ja einen Grund, warum es zur Trennung gekommen ist. Entweder wurdest du verlassen, dann hat er die Entscheidung getroffen. Aber offensichtlich war er nicht mehr glücklich, das ist zu respektieren, und ändern kannst du es nicht mehr. Oder du hast den Schritt gesetzt, dann hast du nun die Möglichkeit, dein Leben neu zu gestalten.

Du kannst nun tun, was du willst. Auf der einen Seite bist du zwar gezwungen, dein Leben neu zu regeln, auf der anderen Seite ist es aber eine Gelegenheit, darüber nachzudenken und konkret zu reflektieren, was du denn tatsächlich tun willst. Mit Kindern stehst du natürlich noch mal vor besonderen Herausforderungen, aber du schaffst das und auch das ist ein Neuanfang. Sieh dich um! So vielen ist es gelungen und sie sind glücklicher als zuvor. Vielleicht hast du viele Jahre zu wenig an dich gedacht. Was tut dir nun gut? Je nachdem, wie die Trennung gelaufen ist, befindest du dich vielleicht in einem verletzlichen Zustand. Gib dir selbst Zeit, damit umzugehen, herauszufinden, wie deine Zukunft sein soll. Aber verschließe dich nicht. Es wartet so viel auf dich.

Du hast Lust zu flirten, willst dich (wieder) begehrenswert finden? Dann tu es! Im Zeitalter von Tinder und Co. ist es zum Glück kein Problem mehr, auf die schnelle Art und Weise einen Flirt einzugehen. Damit meine ich nicht zwingend sexuellen Kontakt, sondern einfach Aufmerksamkeit zu genießen, miteinander zu schreiben oder sich zu treffen. Es ist vielleicht schön, wenn jemand dir Komplimente macht, die du schon lange nicht mehr gehört hast, da dein Ex ein emotionaler Klotz war. Vielleicht lädt er dich schön zum Essen ein. Lasse dich verwöhnen! Aber tu nichts, was du nicht selbst willst! Entwickle dein Selbstbewusstsein neu. Erfreue dich daran, dich selbst und das Leben neu zu entdecken.

Du hast Kinder mit deinem Ex und haderst mit Schuldgefühlen, weil du dir für ein Treffen eine Auszeit von deinen Kindern genommen hast? Oder dein Ex möchte dir ein schlechtes Gewissen einreden? Lasse diese Gedanken ziehen! Du bist nicht nur Mutter, sondern auch Frau. Du hast viel geleistet, hast die Kinder geboren, großgezogen, warst deinem Ex eine gute Ehefrau und nun bist du mal dran. Ich wünsche dir dabei viel Spaß!

Intelligent getrennt

Du bist nun frei! Du darfst tun und machen, was du möchtest. Niemand wird dir mehr Vorschriften machen, dass du nicht weggehen kannst, weil du Kinder hast. Niemand wird dir mehr sagen, was du zu tun und zu lassen hast. Lasse die Schuldgefühle hinter dir.

Falls du dich dennoch für alles verantwortlich fühlst, was in deiner Umgebung passiert, dein Ex vielleicht vieles auf dich abwälzen möchte, dann empfehle ich dir das Buch von Katharina Pommer: »Nicht mein Zirkus, nicht meine Affen«.

Schuldgefühle, verlässliche Begleiterinnen

Ich habe festgestellt, dass Männer eher nicht diejenigen sind, die jedes Problem im Verlauf der Ehe sofort ansprechen, sondern erst einmal sammeln und erst zum Ende hin einen »Kassensturz« machen. Dann kannst du dich als Frau nur warm anziehen, denn es kommt nun alles auf den Tisch, was du längst verdaut geglaubt hattest. (Natürlich laufen viele Beziehungen auch gerade umgekehrt.) Erfahrungsgemäß, und ich spreche aus meiner beruflichen Erfahrung, leiden Männer oft still, sie sammeln, sie merken für sich, dass sie sich nicht mehr wohlfühlen in der Beziehung und sie mauern sich ein. Immer mehr ziehen sie sich innerlich zurück und sind in dieser Phase der Beziehung möglicherweise offen für eine Affaire.

Viele Männer, die ich rechtlich betreut habe, sagten mir, dass sie sich von ihrer Frau »nicht mehr gesehen« fühlen, dass es nur noch um die Kinder gehe und die Frau dauernd »meckern« würde. Intimitäten gäbe es seit Jahren nicht mehr. Der Kinder wegen sei man immer noch zusammen. Wieder andere Männer berichten darüber, dass ihre Frau »depressiv« sei, sich im Verlauf der Jahre sehr verändert habe und sie gar nicht wüssten, wieso sie sich in diese Frau verliebt haben. Ich habe auch viele Männer erlebt, die wirklich kein gutes Haar an ihrer Frau gelassen haben. Was ich jedoch immer wieder festgestellt habe, ist, dass sich die meisten Männer erst wirklich lösen, wenn eine neue Partnerin »am Start« ist. Und das ist eigentlich unfair und gemein. Man, und Mann auch, hätte viel eher reden können und so möglicherweise die Ehe oder die Beziehung retten können. Aber wir wissen ja: hätte, hätte, Fahrradkette.

Das Gemeine an dieser Sichtweise ist: Er steht als das arme Opfer da und du als die böse Täterin. Und wenn du ein Mensch mit Herz bist, läufst du in diesem Moment Gefahr, dir Schuldgefühle einreden zu lassen. »Du bist nicht gut als Liebhaberin; du kannst den Haushalt nicht richtig führen; du kochst schlecht, du regst dich zu schnell auf, du bist zu streng zu den Kindern, überall sind Haare vom Hund und, und, und ...« Und der arme Mann hat alles ertragen, nein, erlitten! Und er hat all die Jahre nichts dazu gesagt und dich glauben lassen, es sei alles in Ordnung. Wow! Was für ein armer Mann. Der Arme.

Aber nein! Lasse nicht zu, dass du zur alleinigen Ursache des Scheiterns eurer Beziehung wirst. Wenn ich dir eines versprechen kann, so ist es häufig so, dass die Männer eine Frau erst vermissen, wenn sie ganz von der Bildfläche verschwunden ist. Dies sollte die Frau leise tun, damit es nicht am Ende heißen kann: »Meine Ex ist eine Furie!« Mit leise meine ich selbstverständlich nicht, dass du deinen Mund halten sollst.

Leise bedeutet: Plane deinen Abgang elegant.

Lasse dir bitte keine Schuldgefühle einreden, denn die Beziehung ist niemals gescheitert, weil allein du so ein »schlechter Mensch« bist. Von wenigen Ausnahmen abgesehen, sind immer beide daran beteiligt, wenn eine Beziehung zu Ende geht. Immer! Jeder von uns hat seine Erfahrungen gesammelt, jede von uns ist anders erzogen, hat vielleicht auch unverarbeitete Traumata und persönlichen Stress. Jede von uns hat andere Ansprüche an eine Beziehung. Die eine ist laut und impulsiv, dafür charismatisch, tiefgründig und leidenschaftlich. Die andere ist leise, besonnen, oberflächlich und abgeklärt. Wenn sich zu schwelenden Konflikten eine Portion Kinderstress gesellt, können sich die Wege schneller trennen als gedacht.

Die Kunst ist es, die Anzeichen des Auseinanderlebens rechtzeitig zu erkennen und gegenzusteuern. Die Kunst ist es, sich trotz des ganzen Lebensstresses, der uns permanent begleitet, auf den anderen einzulassen, sich auch mal zurückzunehmen oder Streitigkeiten zu schlichten. Ich weiß, das ist so einfach gesagt, aber ich lehne mich nicht zu weit aus dem Fenster, wenn ich dir an dieser Stelle sage: Auch für mich ist meine Beziehung immer wieder eine Herausforderung. Solange sich diese Herausforderung im normalen Bereich bewegt, ist alles okay. Wenn sich aber bereits dritte Personen dazwischen geschaltet haben, die Affäre gegenwärtig ist und nur noch Streit herrscht, sollte man die Reißleine ziehen.

Aber noch mal: Selbst wenn es trotz deiner Bemühungen schiefgeht, bist nicht allein schuld am Scheitern eurer Beziehung! Außerdem: Was bringen dir Schuldgefühle? Sie helfen nicht weiter und sie führen zu keiner Lösung. Sie sind schlicht und ergreifend überflüssig, da sie die Situation weder besser noch schlechter machen, oder?

Die schlechte Nachrede

Was von vielen als besonders schlimm empfunden wird, und häufig mit einer Trennung oder Scheidung einhergeht, ist, von anderen schlechtgeredet zu werden, und zwar gegenüber Freunden und Familie.

»Sie war ohnedies nie die Richtige für ihn«, »Als Mutter war sie eine Komplettversagerin«, »Sie hat ihn laufend betrogen«, »Sie hat die Kinder vernachlässigt«, »Wie sie schon ausschaut«, »Sie hat ihn um viel Geld gebracht«, »Sie hatte es ohnehin nur auf sein Vermögen abgesehen«, »Sie nimmt Drogen«, »Sie ist schon am Morgen betrunken«, »Sie ist depressiv und man sollte ihr die Kinder wegnehmen«, »Sie ist eine Schlampe und hat jede Woche einen anderen Liebhaber«, »Sie klaut im Supermarkt sogar«, »Sie gibt den Kindern kaum etwas zu essen«, »Sie schlägt die Kinder«, »Sie hat sich im Job eh nur hochgeschlafen«, »Sie ist eine bitch und eine xy …«, »Sie war sogar einmal im Gefängnis«, »Sie ist eine üble Stalkerin und hat der neuen Freundin das Auto zerkratzt« – Es ist unglaublich, zu welchen Aussagen sich manche Menschen hinreißen lassen oder was alles gepostet wird, um einem anderen eins auszuwischen oder zu schaden.

Die Palette böswilliger Umtriebe reicht von gehässigen Bemerkungen über Beleidigungen, Rufmord, üble Nachrede und klaren Verleumdungen. Doch dagegen kann man etwas tun!

§

Was sagt das Gesetz?

Nimmt dieses »Schlechtreden« überhand, so kann sich derjenige, der schlechte Behauptungen trifft, gemäß verschiedener Paragrafen des Strafgesetzbuchs strafbar machen:§ 185 (Beleidigung), § 186 (Üble Nachrede), § 187 (Verleumdung) StGB.

Diese Straftatbestände unterliegen unterschiedlichen Voraussetzungen und sind in Abgrenzung voneinander zu sehen. Wie immer gilt hier: die Beweisbarkeit. Wenn sich eine Beleidigung und zusätzlich eine üble Nachrede beweisen lässt, kann eine Strafanzeige gegen die betreffende Person erstattet werden und gerichtlich ein Unterlassungsanspruch gegen den Täter geltend gemacht werden.

Wichtig ist: Lasse dich nicht dazu hinreißen, dich auf dasselbe Niveau zu begeben!

Wenn du den Eindruck hast, dass dir gerade möglicherweise straffähiges Verhalten von anderen widerfährt, fange an, Beweise zu sammeln. Wenn es sich auf den sozialen Medien abspielt, mache Screenshots, live kannst du dafür sorgen, dass Zeugen anwesend sind, oder diese benennen, wenn sie dir von Untergriffen berichten. All das kannst du im Nachgang gut gebrauchen.

Intelligent getrennt

Wenn du Opfer von massiven Beleidigungen bist oder von deinem Ex verleumdet wirst/er üble Nachrede gegen dich betreibt, so zögere nicht, ihn bei der Polizeibehörde anzuzeigen. Dies ist dein gutes Recht und auch ein Schuss vor den Bug für ihn, damit er sieht, dass du dich wehrst.

Die ruinöse Sogwirkung Stalking

Igel dich nicht zu Hause ein! Traurig sein nach einer Trennung ist in Ordnung, aber gebe dieser Trauer nicht zu viel Raum. Genieße dein Leben und das deiner Kinder. Erfinde dich neu, versuche, ein neues Hobby zu finden, triff dich mit Menschen; wenn du bereit bist, date wieder. Nicht, um einen neuen Partner zu finden, sondern um dich als Frau wieder zu fühlen und zu spüren.

Und vor allem: Bitte stalke auch du deinen Ex nicht auf Insta oder Facebook oder anderen sozialen Medien. So etwas kann sehr wehtun. Insbesondere dann, wenn er meint, seinen zweiten Frühling mit der Neuen auf Socialmedia breittreten zu müssen.

Viele Frauen steigern sich direkt in eine Überwachung, quälen sich selbst, lauern ihrem Ex auf, können nicht aufhören, ihn anzurufen oder mit Nachrichten zu bombardieren und geraten geradezu in einen Sog, der ihnen selbst nur schadet. Es macht etwas mit der Psyche, wenn trotz beendeter Beziehung der Ex im Zentrum der Gedanken – und vielleicht sogar des Handelns – steht und alles nur um ihn kreist. Und davon abgesehen kann Stalking sogar zu einem Straftatbestand werden.

Umgekehrt, wenn du selbst von deinem Ex gestalked wirst, steht das Gesetz natürlich auch dir zur Seite, um Maßnahmen dagegen zu ergreifen.

§

Was sagt das Gesetz?

§ 238 StGB umschreibt den Straftatbestand der Nachstellung (umgangssprachlich auch Stalking genannt). In § 238 StGB steht u. a.:

(1) Mit Freiheitsstrafe bis zu drei Jahren oder mit Geldstrafe wird bestraft, wer einer anderen Person in einer Weise unbefugt nachstellt, die geeignet ist, deren Lebensgestaltung nicht unerheblich zu beeinträchtigen, indem er wiederholt

1. die räumliche Nähe dieser Person aufsucht,
2. unter Verwendung von Telekommunikationsmitteln oder sonstigen Mitteln der Kom-

munikation oder über Dritte Kontakt zu dieser Person herzustellen versucht,

3. unter missbräuchlicher Verwendung von personenbezogenen Daten dieser Person
   a) Bestellungen von Waren oder Dienstleistungen für sie aufgibt oder
   b) Dritte veranlasst, Kontakt mit ihr aufzunehmen,

4. diese Person mit der Verletzung von Leben, körperlicher Unversehrtheit, Gesundheit oder Freiheit ihrer selbst, eines ihrer Angehörigen oder einer anderen ihr nahestehenden Person bedroht.

Stalking ist eine Handlung oder eine Handlungsabfolge, die ihre Opfer in den Wahnsinn treiben kann. Ich hatte mal eine Mandantin, die über 100 SMS pro Tag von ihrem Expartner erhalten hat, er legte ihr ständig Blumen auf das Auto und erschien immer an den Plätzen und in den Restaurants, an denen sich meine Mandantin aufgehalten hat. Sie wunderte sich darüber und wir fanden heraus, dass der Ex ein Ortungssystem an ihrem Auto angebracht hatte und somit immer wusste, wo sie war. Ich habe ein Annäherungsverbot gegen ihn erwirkt. Er war zwanzig Jahre älter als meine Mandantin und sehr verliebt. Er konnte es einfach nicht akzeptieren, dass meine Mandantin die Beziehung beendet hatte. In der mündlichen Verhandlung sagte der Richter zu ihm: »Mensch, was ist denn mit ihnen los? Sie sind doch ein erwachsener Mann! Lassen Sie die Frau doch endlich in Ruhe.« Dem Ex von meiner Mandantin war die gesamte Situation dann mehr als peinlich. Er durfte sich meiner Mandantin ab dem Zeitpunkt auf nicht mehr als hundert Meter nähern, sie nicht anrufen, antexten oder sonst wie Kontakt zu ihr aufnehmen. Er hat sich auch daran gehalten.

Es sind also nicht alle gleich »Soziopathen« wie im Film, wenn sie ins Fahrwasser des Stalkings geraten, aber man gerät rasch einmal auf die falsche Spur, wenn man sich zu intensiv von manchen Gefühlen leiten lässt.

Es gibt sie aber auch, die »krankhaften Stalker«. Sie sind so sehr in ihrer eigenen Welt, dass sie trotz gerichtlicher Verfügung immer weitermachen. Diese Mandate sind sehr undankbar, weil ich der Mandantin oder dem Mandanten nicht unmittelbar helfen kann. Oft sind die Stalkinghandlungen so massiv, dass es schwierig ist, sie zu kanalisieren und für das Familiengericht zusammenzutragen. Am Ende bekommen Stalker und Stalkerinnen jedoch ihre gerechte Strafe. Es kann nur leider ein wenig dauern und das ist ein schwacher Trost für die Opfer. Aber es gibt viele Möglichkeiten, sich selbst zu helfen oder Leute, Organisationen, die sich damit auskennen, um Rat und Hilfe zu bitten. Zum Beispiel hilft auch der Verein Weißer Ring.

»Denk doch an die Kinder!« …

Wenn du dich trennen willst oder du dich schon getrennt hast und ihr gemeinsame Kinder habt, taucht die Frage auf, wo die Kinder ihren dauerhaften Lebensmittelpunkt haben werden und wie oft Umgangskontakte mit dem nicht betreuenden Elternteil stattfinden. Und natürlich wird dir – und wahrscheinlich deinem Ex ebenso – mit vorwurfsvollem Unterton der Spruch »Denk doch an die Kinder« begegnen. Selbstverständlich ist es wichtig, Streitigkeiten nicht auf dem Rücken der Kinder auszutragen und ihnen trotz einer Trennung Sicherheit u vermitteln. Auf der anderen Seite steht es dir aber zu, dich zu trennen, und dafür die bestmögliche Lösung für die Familie zu finden.

Sorgerecht contra Umgangsrecht

Im Zuge einer Trennung stellt sich bei Eltern also mit Sicherheit die Frage, was aus den gemeinsamen Kindern wird.

Zunächst einmal ist es mir wichtig, kurz die Begriffe *der elterlichen Sorge* und des *Umgangsrechts* zu definieren, denn es herrscht die weit verbreitete Annahme, dass das Sorgerecht und das Umgangsrecht unmittelbar zusammenhängen oder es wird überhaupt gleichgesetzt.

§

Was sagt das Gesetz?

Das *Umgangsrecht* ist geregelt in § 1684 BGB. Das *Sorgerecht* ist in § 1626 I BGB definiert.

Aus § 1684 I BGB ergibt sich: »Das Kind hat das Recht auf Umgang mit jedem Elternteil; jeder Elternteil ist zum Umgang mit dem Kind verpflichtet und berechtigt.«

In § 1626 I BGB steht: »Die Eltern haben die Pflicht und das Recht, für das minderjährige Kind zu sorgen (elterliche Sorge). Die elterliche Sorge umfasst die Sorge für die Person des Kindes (Personensorge) und das Vermögen des Kindes (Vermögenssorge).« Die Definition verdeutlicht, dass das Sorgerecht den Eltern nicht um ihrer selbst, sondern um des Kindes willen verliehen ist.

Während das *Sorgerecht* also die Rechte und Pflichten der Eltern zur Erziehung des Kindes und die Pflicht zur kindeswohlgerechten Betreuung und Versorgung umfasst, geht es beim *Umgangsrecht* um den gegenseitigen Anspruch auf Umgang/Kontakt zwischen den Eltern und dem Kind.

Viele glauben, dass sie das Kind nicht mehr sehen dürfen, wenn Teilbereiche des Sorgerechts entzogen wurden. Dies ist aber definitiv nicht so. Du hast immer ein Recht, dein Kind regelmäßig zu sehen, solange euer Kontakt dem Kind nicht schadet. Ich betreue viele Mandantinnen und Mandanten, die kein Sorgerecht haben, die aber dennoch ihre Kinder regelmäßig sehen dürfen.

Dies bedeutet, dass dein Ex also dennoch euer Kind sehen darf, auch wenn du die alleinige elterliche Sorge innehast. Natürlich nur dann, wenn der *Grundsatz der Kontinuität* gewahrt ist, er euer Kind regelmäßig sieht oder zu sich nimmt und es nicht durch Unzuverlässigkeit nachhaltig enttäuscht.

An dieser Stelle möchte ich darauf hinweisen, dass Elternpaare, deren Kinder in die Ehe hineingeboren werden, per se die gemeinsame elterliche Sorge innehaben. Wenn ein Paar nicht verheiratet ist und ein Kind bekommt, dann hat die Kindesmutter die alleinige elterliche Sorge. Die Kindesmutter kann aber beim Jugendamt, nachdem der Kindesvater die Vaterschaft anerkannt, eine sogenannte *Sorgeerklärung* abgeben. Damit sind dann auch außereheliche Eltern gemeinsam sorgeberechtigt.

Du kannst dir das Sorgerecht vorstellen wie einen runden, großen Kuchen, der bereits in Stücke geschnitten ist. Die einzelnen Kuchenstücke sind die einzelnen Teilbereiche der elterlichen Sorge. Diese sind u. a.:

- die Gesundheitsfürsorge
- die Vermögensfürsorge
- das Aufenthaltsbestimmungsrecht.

Dies sind auch tatsächlich die Bereiche, um die in der Praxis am meisten gestritten wird. Ich gebe dir drei Beispiele:

- Ein Vater möchte zum Beispiel das Kind impfen lassen, die Mutter ist jedoch dagegen und weigert sich einzuwilligen. Welcher Teilbereich ist da wohl betroffen? Ja, genau, die *Gesundheitsfürsorge*.
- Die getrennt lebende Mutter mit dem bei ihr lebenden Kind möchte vierhundert Kilometer weit wegziehen, da sie einen neuen Partner hat und von diesem schwanger ist. Der Kindesvater ist dagegen, da er fürchtet; durch die Entfernung sein Kind weniger oft zu sehen. Richtig, hier ist der Teilbereich *Aufenthaltsbestimmungsrecht* betroffen.
- Ein Elternteil möchte für das gemeinsame Kind ein Kinderkonto eröffnen. Dies geht nicht ohne die Zustimmung des anderen Elternteils. Hier ist also der Teilbereich *Vermögensfürsorge* betroffen.

Ich hoffe, du kannst dir anhand meines »Kuchenbeispiels« nun besser vorstellen, wie sich die elterliche Sorge zusammensetzt.

Regelfall geteiltes Sorgerecht

Wenn du und dein Partner *verheiratet* seid und in diese Ehe ein oder mehrere Kinder hineingeboren habt, seid ihr per Gesetz beide zur Hälfte sorgeberechtigt.

Sofern Kinder jedoch in eine *unverheiratete Partnerschaft* hineingeboren werden, hat die Kindesmutter das Sorgerecht zuerst allein. Bei Einigkeit kann wie erwähnt beim örtlich zuständigen Jugendamt eine *Sorgeerklärung* errichtet werden, sodass du und dein Partner sodann gemeinsam sorgeberechtigt seid.

Sollte Uneinigkeit bestehen, und du nicht wollen, dass er die elterliche Sorge bekommt, so musst du zumindest außergerichtlich nicht zustimmen. Aber: Die Rechtsprechung ist da mittlerweile eindeutig, was die Frage anbelangt, ob ein Kindesvater, und in aller Regel sind es die Kindesväter, das Sorgerecht erhalten soll. Ich muss sagen: Endlich ist es so, dass die Hürde für einen Kindesvater, das Sorgerecht zur Hälfte zu bekommen, mittlerweile gering ist. Der Wegweiser ist das Kindeswohl.

§

Was sagt das Gesetz?

»Das Familiengericht überträgt gemäß § 1626 a Absatz 2 auf Antrag eines Elternteils die elterliche Sorge oder einen Teil der elterlichen Sorge beiden Eltern gemeinsam, wenn die Übertragung dem Kindeswohl nicht widerspricht. Trägt der andere Elternteil keine Gründe vor, die der Über-

tragung der gemeinsamen elterlichen Sorge entgegenstehen können, und sind solche Gründe auch sonst nicht ersichtlich, wird vermutet, dass die gemeinsame elterliche Sorge dem Kindeswohl nicht widerspricht.«
Das Familiengericht überträgt somit das Sorgerecht auf eine Person und fasst diese Entscheidung in einen richterlichen Beschluss. Ein richterlicher Beschluss ist nichts anderes als ein Urteil. Im Familienrecht werden Urteile Beschlüsse genannt.

Nach einem Beschluss des Oberlandesgerichts Hamm (OLG Hamm) widerspricht eine gemeinsame elterliche Sorge nicht miteinander verheirateter Eltern beispielweise dann dem Kindeswohl, wenn eine Kommunikations- und Kooperationsfähigkeit beider Eltern nicht (mehr) gegeben ist und diese auch nicht mehr mittels Inanspruchnahme professioneller Hilfe wiederhergestellt werden kann.

Wie oft habe ich schon erlebt, dass Kindesmütter, und ja, leider sind es aus meiner beruflichen Erfahrung häufig die Kindesmütter, alles dafür tun, dass eine Kommunikation untereinander nicht mehr funktioniert. Ziel ist in solchen Fällen, dass ein Antrag auf Übertragung der hälftigen elterlichen Sorge auf den Vater zurückgewiesen wird. Glücklicherweise sind auch die Richter mittlerweile so aufgestellt, dass sie einem solchen Vorgehen nicht so einfach nachgeben.

Was ich dir damit sagen will, ist: Ist dein Ex als Vater verfügbar, greifbar, und möchte er seine Vaterrolle in Anspruch nehmen und somit Teil im Leben seines Kindes zu sein, so sei dem aufgeschlossen gegenüber. Nur weil er euer Kind nicht ausgetragen hat, heißt das nicht, dass er nicht ebenso viel Bedeutung im Leben eures Kindes hat. Bei Babys, die noch gestillt werden, sieht die Rechtsprechung übrigens vor, dass Umgangskontakte mehrfach in der Woche stattfinden, und zwar für einige Stunden. Babys vergessen noch schnell und aus diesem Grund sind engmaschige Kontakte wichtig, um die Bindung zwischen Elternteil und Kind zu fördern.

Es gibt jene Fälle, wo z. B. ältere Kinder keinen Umgang möchten, da sie mit der neuen Partnerin nicht zurechtkommen. In diesen Fällen ist es ratsam, das Tempo der Kinder einzunehmen. Kinder sollten in diesen Fällen erst mal ohne die neue Partnerin oder den neuen Partner getroffen werden. Der neue Partner sollte in diesen Fällen vorerst zurückstehen. Dieser kann ohne die Kinder, in den umgangsfreien Zeiten getroffen werden. Mit der Zeit werden die Kinder damit klarkommen, und dann können auch gemeinsame Treffen stattfinden.

Ich betone an dieser Stelle wiederum, dass ich die Kindesväter, die eine Gefahr für Mutter und Kind darstellen, von dieser Regel ausdrücklich ausnehme.

Aber seien wir doch ehrlich: In aller Regel sind auch die Kindesväter stolz auf ihr Kind und möchten natürlich in Bezug auf das Kind mitentscheiden. Ist das verwerflich? Ich denke nein. Ich finde, dass viele Väter immer noch das Nachsehen haben, besonders wenn es um die Ausübung des Umgangsrechts geht. Dies sollte sich dringend ändern.

Die Regel sollte die gemeinsame Ausübung der elterlichen Sorge sein. Im Interesse der Kinder, aber auch in deinem.

Und bedenke: Auch dein eigenes Leben geht weiter. Vielleicht bist du, wenn etwas Gras über die Trennung gewachsen ist, froh darüber, die Verantwortung teilen zu können. Vielleicht findest du einen neuen Partner und eventuell kannst du mit deinem Ex sogar irgendwann auf eine neue Stufe der Freundschaft gelangen.

Das gemeinsame Sorgerecht bietet viel Streitpotenzial. Dies liegt eben daran, dass zwei Personen, die möglicherweise unterschiedlich denken und verschiedene Erziehungsansätze haben, gemeinsame Entscheidungen treffen sollen. Das fängt bei der Wahl des Kindergartens an und erstreckt sich über Entscheidungen die Gesundheitsfürsorge betreffend, Ausweis- und Passangelegenheiten, die Einrichtung eines Kinderkontos, therapeutische Behandlungen die Auswahl der Schule u. v. m.

Für Geschäfte des alltäglichen Lebens, wie z. B. das Unterschreiben des Schulzeugnisses, den Gang zum Friseur, eine Urlaubsreise in ein sicheres Urlaubsland genügt die Unterschrift der sorgeberechtigten Person, bei dem das Kind seinen dauerhaften Lebensmittelpunkt hat. Diese Person entscheidet auch über die gewöhnliche medizinische Versorgung, den Fernsehkonsum, die Auswahl des Essens u. v. m.

Wenn es jedoch darum geht, dass ein Kind geimpft werden muss, ist dies von beiden abzusegnen. Geht es um die Auswahl von Kindergarten und Schule, müssen den Antrag beide unterzeichnen. Ist fachärztliche Hilfe erforderlich, muss der Behandlungsvertrag von beiden unterschrieben werden. Die Teilnahme von Sportveranstaltungen und der Besuch von Konzerten bedarf dagegen nur einer Unterschrift, soweit das Kindeswohl durch die Teilnahme nicht gefährdet ist.

Im umgekehrten Fall, also wenn das Kind Umgang mit dem umgangs- und sorgeberechtigten Vater hat, darf dieser darüber entscheiden, wo sich das Kind aufhält. Wenn er mit dem Kind über das Wochenende wegfahren möchte, so darf er das allein entscheiden. Das Kind möchte während der Umgangszeit zu einem Freund auf die Geburtstagsfeier? Auch dies kann dann der Umgangsberechtigte selbst entscheiden, soweit das Kindeswohl nicht betroffen ist.

Bilanzierend lässt sich sagen: Entscheidungen, die den weiteren Lebensweg des Kindes betreffen und für das Kind von erheblicher Bedeutung sind, sind gemeinsam zu treffen.

Werden sich die Eltern nicht einig, geht es zunächst zum Jugendamt, und wenn von dort aus keine Hilfe naht, ist der Weg zum Familiengericht frei.

Kindesvater auf Tauchstation?

Wenn du in der Situation sein solltest, dass der Vater deines Kindes für dich nicht erreichbar ist, du dir aber mit ihm die gemeinsame elterliche Sorge teilst, so kann sich das für dich in gewissen Situationen als Problem darstellen. Nämlich immer dann, wenn du seine Unterschrift benötigst, um Entscheidungen für euer gemeinsames Kind zu treffen. Dies kann zum Beispiel sein, wenn euer Kind eine Therapie benötigt und ihr gemeinsam den Behandlungsvertrag unterzeichnen müsst oder wenn es in der Kita oder in der Schule angemeldet werden muss.

Intelligent getrennt

Sollten diese gemeinsamen Entscheidungen trotz aller Bemühungen mit dem Kindesvater nicht funktionieren, so kannst du *beim Familiengericht beantragen, Teilbereiche der elterlichen Sorge auf dich übertragen zu lassen.* Ersatzweise kann eine *Vollmacht* erteilt werden, damit du handlungsfähig bist.

Solltest du ohnehin die alleinige elterliche Sorge innehaben, dann stellt sich für dich dieses Problem nicht. Du darfst dann alles allein entscheiden. Natürlich ist auch dabei stets das Kindeswohl zu berücksichtigen.

Wie oft erlebe ich es in meiner anwaltlichen Praxis, dass sich Elternteile darüber streiten, in welcher Kita das Kind angemeldet wird, oder ob das Kind eine vom Kinderarzt angeratene Therapie beginnen soll oder nicht. Auch war es sehr »beliebt«, sich über die Frage zu streiten: Corona-Impfung – ja oder nein? Seien wir ehrlich: Man kann sich, wenn man will, über alles streiten. Wenn man sich und dem Ex das Leben schwer machen möchte, bietet das gemeinsame Kind genügend Situationen, bei denen diese Absichten ausgelebt werden können. Bedenke stets: Was bringt das dem Kind? Die Antwort ist einfach: Es schadet dem Kind, und zwar nachhaltig. Deswegen mache dir bewusst, sofern du Schwierigkeiten mit dem Kindesvater haben solltest, ob es Sinn macht, in einen Kampf miteinzusteigen, an dem es am Ende nur Verlierer geben wird.

Es gibt natürlich Sachverhalte, bei denen zwingend Handlungen gesetzt werden müssen, wie z. B. bei Indikation einer kieferorthopädischen Behandlung oder einer psychotherapeutischen Anbindung. Wenn dabei Uneinigkeit besteht und das Jugendamt nicht vermitteln kann, ist es unerlässlich, in den Kampf einzusteigen und die Angelegenheit gerichtlich entscheiden zu lassen. Es gilt: Liegt z. B. eine Indikation für eine ärztliche Behandlung vor, und stimmt ein Elternteil aus Bockigkeit, Wut oder sonstigen niederen Beweggründen nicht zu, wird das Familiengericht diese Zustimmung entweder ersetzen, auf eine Vollmacht im Bereich Gesundheitsfürsorge hinwirken oder, in letzte Instanz, den betreffenden Teilbereich der elterlichen Sorge entziehen. Am besten ist es natürlich, es nicht so weit kommen zu lassen.

Das gerichtliche Sorgerechtsverfahren

Wenn alles nicht hilft und du einen Ex hast, der dir das Leben schwer macht, der sich weigert, wichtige Unterschriften zu erteilen oder sonstiges, ist der Weg also frei zum Familiengericht. Ich persönlich bin kein Freund davon, aus einer Mücke einen Dinosaurier zu machen. Gewisse Dinge sollte man zwingend selbst klären können, ohne die Hinzuziehung von Fachkräften.

Es ist z. B. kein Grund, die elterliche Sorge *auf dem Rechtswege* infrage zu stellen, wenn ein Elternteil das Kind hin und wieder mit Fast Food füttert oder das Kind zu den Umgangszeiten ausschließlich vegan ernährt. Auch wenn du meinst, dass deinem Kind damit wesentliche Nährstoffe fehlen oder es durch Fast Food schlechter ernährt wird.

Aus meiner Sicht ist es kein Grund, ein sorgerechtliches Verfahren anzustrengen, wenn ein Elternteil das Kind muslimisch erzieht und der andere Elternteil den christlichen Erziehungsstil bevorzugt. Es ist doch völlig normal, dass Menschen verschiedene Ansichten haben und das Kind hat so die Möglichkeit, in beide Welten der Elternteile einzutauchen. Nimm deinem Kind diese Möglichkeit nicht. Es dient seiner Entwicklung. Also bitte: Nicht alles so eng nehmen und zu hoch hängen. Natürlich nur, solange das Ganze nicht ausartet oder extreme Formen annimmt.

Wenn du der Meinung bist, dass eine Erziehungsmaßnahme deinem Kind tatsächlich schadet und du keine Einigung mit deinem Ex erzielen kannst, solltest dazu vorab einen *Termin beim Jugendamt* machen. Danach solltest du eine Rechtsanwältin für Familienrecht aufsuchen und einen *Antrag auf Übertragung des Sorgerechts* bzw. auf *Übertragung von Teilbereichen* der elterlichen Sorge stellen lassen.

Allerdings herrscht für das Sorgerechtsverfahren kein Anwaltszwang. Wie ich aber weiter unten erörtere, rate ich dringend dazu, einen Rechtsbeistand zu beauftragen.

Intelligent getrennt

Optimalerweise hast du Beweise dafür, dass dein Ex auf deine Aufforderung, seine Unterschrift in der einen oder anderen Situation zu leisten, verweigert, vorliegen. WhatsApp-Nachrichten eignen sich dafür besonders gut.

Bevor du beginnst zu streiten – vielleicht vermutest du auch bei manchen Dingen, dass er nicht zustimmen wirst, schließlich kennst du ihn ja gut: Schreibe ihm am besten eine friedliche WhatsApp, vielleicht als freundliche »Erinnerung«, dass er noch nicht unterschrieben hat. Wenn er dann ausdrückt, dass er sich weigert, wiederhole die Bitte, seine Unterschrift zu leisten und setze ihm eine Frist. Wenn er nicht reagiert oder er abweisend und ablehnend reagiert, kannst du diese WhatsApp ausdrucken und dem Richter vorlegen lassen.

Ein Familiengericht wird nämlich nur aufgrund von Beweisen deinem Beschluss entsprechen. Je mehr du deine Angaben untermauerst, desto größer sind deine Chancen.

Beginne also früh, Beweise zu sammeln, damit du im Ernstfall vorbereitet bist.

Aber: Sage ihm um Himmels willen nicht, dass du Beweise gegen ihn sammelst oder gesammelt hast! Das warnt ihn nur und steht deiner Strategie entgegen.

Ist der Sorgerechtsantrag gestellt, wird das Familiengericht in aller Regel auch einen *Verfahrensbeistand* bestellen. Dies ist der Anwalt des Kindes. Der Verfahrensbeistand wird mit dir, dem Kind und mit deinem Ex sprechen und sodann einen Bericht mit einem Resümee verfassen. Dies bedeutet, dass der Verfahrensbeistand dem Gericht mitteilen wird, ob er den Antrag aus Sicht des Kindes für kindeswohldienlich hält oder nicht.

Am Ende steht der *Erörterungstermin* vor dem Familiengericht. Dort wirst du dann mit deinem Rechtsbeistand, sofern du einen beauftragt hast, erscheinen müssen. Ebenfalls vor Ort werden der zuständige Richter oder die Richterin anwesend sein, Vertreterinnen oder Vertreter des Jugendamts, der Verfahrensbeistand und dein Ex (sofern er auffindbar ist natürlich) und sein Rechtsbeistand.

Dann wird verhandelt. In der Regel dauert dies bis zu eineinhalb Stunden. Jeder hat das Recht, sich zu dem Antrag zu äußern. Du kannst deine und dein Ex seine Erwägungen, Ängste und Sorgen zum Ausdruck bringen.

Versuche, dich souverän zu verhalten. Raste nicht aus und lasse dich nicht von deinem Ex triggern (ja, es kann schwierig sein!). Denke daran, dass du es für euer Kind tust – zur Not schreibe es dir auf die Hand, damit du es immer vor Augen hast. Gib ihm nicht die Möglichkeit, dich schlecht dastehen zu lassen.

Selbstständige kindschaftsrechtliche Familiensachen sind im 1. und 2. Rechtszug anwaltsfrei. Ich würde dir jedoch in deinem Interesse stets zu einem Rechtsbeistand raten, da in diesen Verfahren prozesstaktisch so viele Fehler gemacht werden können.

Sollte die Gegenseite nicht zum gerichtlichen Termin erscheinen, wird ein Familienrichter einen weiteren Termin anberaumen.

Was sagt das Gesetz?

Aus § 160 I FamFG ergibt sich die Pflicht zur persönlichen Anhörung der Eltern. Dies Anhörung dient der von Amts wegen gebotenen Sachaufklärung im Sinne des § 26 FamFG.

So ohne Weiteres wird kein Familiengericht Teile des Sorgerechts auf nur ein Elternteil übertragen. Dies würde einen wesentlichen Mangel darstellen, der im Zweifel dazu führen würden, dass der richterliche Beschluss aufgehoben würde.

Bereite dich mental auf den Sorgerechtsstreit vor!

Ein Sorgerechtsstreit kann sehr anstrengend werden, bereite dich deshalb auch mental darauf vor. Versuche, dich zu konzentrieren, und zwar auf dein Ziel. Es geht um dein Sorgerecht. Es geht womöglich um die Frage, ob du es verlieren könntest oder darum zu erreichen, dass der andere Elternteil das Sorgerecht verliert.

Du musst dazu einen klaren Kopf behalten. Wenn du eher ein impulsiver Mensch bist, übe bis zur Gerichtsverhandlung, besonnener zu reagieren. Lasse dich gegebenenfalls coachen. Mache Atemübungen, um dich zu entspannen.

Übe dich im Grundsatz: Ich reagiere ab sofort erst, wenn ich 10-mal tief ein- und ausgeamtet habe.

Verliere dich nicht auf Nebenkriegsschauplätzen, sondern zeige dich nachsichtig. Dies werden die Fachleute vor Ort zu schätzen wissen.

Bleibe bei den Fakten und argumentiere stets mit dem Kindeswohl. Eigene, egoistische Motive interessieren vor Gericht niemanden. Formuliere deine Anliegen in der Gerichtsverhandlung als Wunsch wie: »Ich würde mir für unser Kind wünschen, dass …«

Du merkst während der Verhandlung, du kannst nicht mehr? Dann sage deiner Anwältin, sie soll das Familiengericht um eine Pause bitten. Dies ist immer noch besser, als zu toben und unsachlich zu werden.

Beleidige die Gegenseite niemals, auch nicht, wenn du beleidigt wirst. Zeig dich stark und besonnen. In meinem Coachingprogramm zu diesem Buch lernst du viele weitere Möglichkeiten, wie du unbeschadet durch einen Sorgerechtsstreit kommen kannst!

Das Sachverständigengutachten im Sorgerechtsverfahren

Wenn sich die Beteiligten in einem Sorgerechtsverfahren nicht darüber einig sind, ob die Eltern erziehungsfähig sind oder nicht, bleibt nur eine Möglichkeit: Es muss eine Sachverständige, in der Regel eine Psychologin oder ein Psychologe, zu dieser Frage vernommen werden. Diese spricht im Vorfeld mit den Kindeseltern, und zwar nicht nur einmal.

Eine Anmerkung am Rande: Das familienrechtliche Sachverständigengutachten ist richtig teuer! Die Kosten tragen die beteiligten Eltern jeweils zur Hälfte. Ein Gutachten kann weit über 10.000 € kosten. Wenn die beteiligten Eltern allerdings *Verfahrenskostenhilfe* erhalten, werden diese Kosten der Landeskasse auferlegt.

Bis ein *Erziehungsfähigkeitsgutachten* eingeholt ist, können mal locker sechs Monate oder mehr vergehen. Wichtig ist es für die Betroffenen, dass sie mitwirken. Sie müssen bereit sein, sich zumindest minimal zu öffnen, und sie müssen in Kauf nehmen, sich Feststellungen gefallen zu lassen, die nicht immer schön sind.

So kann am Ende auch die Annahme stehen, dass bei dem einen oder anderen Elternteil eine Borderlinestörung naheliegt oder eine schwere depressive Episode vorliegt. Dies ist nachvollziehbarerweise nicht einfach auszuhalten, denn wer mag es schon, durchleuchtet zu werden (so nenne ich es einfach mal). Mehr dazu weiter unten.

Aber wie auch immer: Am Ende eines jeden Gutachtens findet sich das Resümee und damit die Antwort auf die Frage: Können die Eltern die Kinder erziehen, ja oder nein – und wenn ja, inwieweit liegen Einschränkungen vor?

Das Gutachten wird abschließend in einer Verhandlung diskutiert und wenn nötig auch auseinandergenommen. Als langjährige Familienrechtlerin muss ich aber sagen, dass es nicht die Regel ist, Erziehungsgutachten anzugreifen, sondern die Ausnahme.

Es macht keinen Sinn, nur um des Angreifens willen, ein Gutachten auseinanderzunehmen, wenn dieses doch in sich schlüssig ist. Bei massiven Widersprüchen in einem Sachverständigengutachten oder nachweislich fehlerhaft aufgezeichneten Darstellungen sollte ein *Gegengutachten* beantragt werden. Ein solcher Antrag muss allerdings hinreichend begründet werden.

Fazit: Wenn sich zwei Menschen nicht mehr lieben, aber Kinder miteinander haben, sind sie dennoch als Elternpaar ein Leben lang miteinander verbunden. Wenn ein Kind in eine Ehe hineingeboren wird, haben beide Elternteile die hälftige elterliche Sorge. Nach einer Trennung oder gar Scheidung ändert sich an dieser rechtlichen Situation nichts. Es ist aber wie beschrieben möglich, die elterliche Sorge vollumfänglich auf einen Elternteil zu übertragen. Dies kann außergerichtlich in Zusammenarbeit mit dem Jugendamt geschehen, wenn der andere Elternteil der Übertragung zustimmt. Es kann aber auch, und dies ist die Regel, in einem gerichtlichen Verfahren beschlossen werden, dass die elterliche Sorge vollständig auf ein Elternteil übertragen wird.

Gründe für den Entzug der elterlichen Sorge

Fragst du dich nach all den Ausführungen nun, wann das Sorgerecht denn nun tatsächlich entzogen werden kann?

> Zentrum einer Sorgerechtsentscheidung ist das Kindeswohl. Nur darum geht es.

Das Familiengericht wird also immer nur dann tätig, wenn das Kindeswohl in körperlicher, geistiger oder seelischer Hinsicht gefährdet ist und die beiden Elternteile, oder einer davon, nicht einschreitet.

Nun meinen viele, dass allein die Tatsache, wenn ein Elternteil hin und wieder kifft, Alkohol trinkt, länger schläft oder das Kind nicht nonstop bespaßt, auf jeden Fall eine Kindeswohlgefährdung sei. Den Zahn muss ich hier direkt ziehen! Ohne hinreichende Beweise für *nachhaltig kindeswohlschädliches Verhalten* durch ein Elternteil wird es keinen Sorgerechtsentzug geben. Denn ein Sorgerechtsentzug ist der höchste Eingriff in diesem Zusammenhang.

§

Was sagt das Gesetz?

Die elterliche Sorge ist in § 1626 Abs. 1 BGB definiert. Sie umfasst die Pflicht und das Recht der Eltern, für ihr minderjähriges Kind zu sorgen. Die elterliche Sorge besteht aus der Personen- und der Vermögenssorge. Der Entzug der elterlichen Sorge ist in § 1666 BGB geregelt: »Wird das körperliche, geistige oder seelische Wohl des Kindes oder sein Vermögen gefährdet und sind die Eltern nicht gewillt oder nicht in der Lage, die Gefahr abzuwenden, so hat das Familiengericht die Maßnahmen zu treffen, die zur Abwendung der Gefahr erforderlich sind.«

Allerdings ist der Entzug der elterlichen Sorge das letzte Mittel der Wahl. Dies ergibt sich aus § 1666 a BGB, welcher u. a., besagt, dass öffentliche Hilfen stets Vorrang haben.

Öffentliche Hilfen sind beispielsweise Hilfen zur Erziehung, eine sozialpädagogische Familienhilfe oder auch eine Vollzeitpflege.

Dagegen sind die folgenden Aspekte zum Beispiel ausreichende Gründe für einen Sorgerechtsentzug:

- grobe Erziehungsfehler,
- Misshandlungen des Kindes (wie ständige Schläge auf den Kopf, das Ausrenken der Hüfte),
- aber auch Vernachlässigungen können eine Form der Misshandlung sein,
- Gesundheitsgefährdung des Kindes (z. B. bei Therapiebedarf die Behandlung verweigern),
- Missachtung der Schulpflicht, indem man das Kind nicht zur Schule schickt,
- Gefährdung des Kindesvermögens,

- Widersetzung gegen das Umgangsrecht des anderen Elternteils (Bindungsintoleranz).

Wenn du das alleinige Sorgerecht möchtest, so beginne früh damit aufzuzeichnen, wann dein Ex zum Beispiel wo nicht mitwirkt und was dies für Auswirkungen auf euer gemeinsames Kind hat.

Du kannst hier zum Beispiel *Gedächtnisprotokolle* verfassen, das kann so aussehen:

- Welche gemeinsamen Entscheidungen, das Kind betreffend, sind zu treffen?
- Wann wurde der Kindesvater aufgefordert, an einer Entscheidung mitzuwirken?
- Wann hat der Kindesvater seine Einwilligung bezüglich einer wichtigen Entscheidung verweigert und welches Beweisstück gibt es?
- Wie oft hat das Kind in der Schule gefehlt? Ist ein Nachweis der Schule vorhanden?
- Wie oft wurde der Umgang vereitelt und mit welchen Begründungen? Nachweise?
- Wann wurde das Kind geschlagen, angeschrien? Gibt es Beweise, wie z. B. Fotos von erlittenen Verletzungen?
- Welche wichtigen Arztbesuche und Therapien wurden nicht eingehalten? Gibt es Nachweise vom Arzt?

Es gibt viele Möglichkeiten, Nachweise zu sammeln – bedenke nur immer: Was ist das Beste für das Kind?

Ewiger Streitpunkt: das Umgangsrecht

Wie wir schon besprochen haben, hat ein Kind das Recht auf Umgang mit beiden Elternteilen. An diesem Punkt entzündet sich leider im Alltag leicht ein Streit, weil Emotionen von beiden Seiten hier hineinspielen. Doch wenn man sich dabei ertappt, dass ein Konflikt ausartet, ist es das Beste, durchzuatmen und sich selbst ehrlich zu fragen: Worum geht es wirklich? Um das Kind? Oder um meine eigenen Befindlichkeiten? Wenn du dir offen sagen kannst, dass es um dein Kind geht, dann schöpfe alle Möglichkeiten aus, die sich dir bieten.

§

Was sagt das Gesetz?

Aus § 1684 Abs. 1 BGB ergibt sich, dass ein Kind das Recht auf Umgang mit beiden Elternteilen hat und die Eltern zum Umgang mit dem Kind berechtigt und verpflichtet sind.

Das Umgangsrecht ist ferner gem. Art. 6 Abs. 2 Satz 1 Grundgesetz (GG) grundrechtlich geschützt. Es dient der Pflege der Eltern-Kind-Beziehung und betrifft vor allem das tatsächliche Zusammensein eines Elternteils mit seinen Kindern.

Einfach erklärt bedeutet *Umgangsrecht* somit das Recht des Kindes, den Elternteil zu besuchen und mit ihm Zeit zu verbringen.

Die bisher geltende Rechtsprechung sieht vor, dass Umgangskontakte mit dem getrennt lebenden Elternteil in einem *zweiwöchigen Turnus* von Freitag bis sonntags stattfinden und die Ferien hälftig geteilt werden. Es sei denn, es wird das *Wechselmodell* gelebt, dazu komme ich jedoch später.

Zu Recht im Zentrum: das Kindeswohl

Das Umgangsrecht bei getrennt lebenden Elternteilen, egal ob verheiratet oder nicht, wird nicht von Amts wegen geregelt. Man sagt nicht umsonst: »Wo kein Kläger, da kein Richter.«

Alles ist erlaubt, solange sich die Eltern einig sind und die Regelung dem Kindeswohl entspricht.

Viele getrennt lebende Eltern schaffen es sehr gut, sich über den Umgang mit den gemeinsamen Kindern zu einigen. Es gibt jedoch auch diejenigen, die es überhaupt nicht schaffen. Diese, man nennt sie auch strittige Eltern, sollten sich zwecks Klärung als Erstes an das Jugendamt wenden. Natürlich kann parallel bereits eine Rechtsberatung erfolgen. Der Weg zum Familiengericht ist jedoch erst frei, wenn beim Jugendamt erfolglos versucht wurde, eine Lösung zu finden. Das Jugendamt hat nämlich die Möglichkeit, mit den strittigen Elternteilen eine *Umgangsvereinbarung* zu schließen, die im besten Fall auch befolgt wird. Sollte es danach immer noch Probleme geben, kann ein gerichtlicher Umgangsantrag gestellt werden.

Wenn Kinder allerdings noch sehr klein oder sogar noch Babys sind, dann sollten Umgangskontakte engmaschiger stattfinden, z. B. jeden dritten Tag für wenige Stunden. Dies hat den Hintergrund, dass sich Kleinkinder schneller entfremden, wenn sie keine regelmäßigen Kontakte zu dem getrennt lebenden Elternteil haben. Häufig ist es dann so, dass die Umgangskontakte in der Umgebung stattfinden, in der das Kind lebt.

Um eines klarzustellen: Es gibt nicht die eine Lösung, die hierzu gesetzlich festgeschrieben ist. Die entscheidenden Familiengerichte orientieren sich an der geltenden Rechtsprechung, an der jeweiligen Familie und deren Umstände und an den Bedürfnissen des Kindes.

Problematisch werden Umgangskontakte immer dann, wenn Elternteile nicht mehr miteinander umgehen können; wenn jeder persönliche Kontakt in einem lautstarken Streit oder mit Tränen endet, und dies im Beisein des Kindes. In diesen Fällen ist es nicht möglich, dass Umgangskontakte mit einem Kleinkind im Beisein beider Elternteile stattfinden. Es ist in solchen Situationen oft besser, eine dem Kind vertraute Person zwischenzuschalten. So kann beispielsweise eine deeskalierende Tante, ein guter Freund oder auch die Großeltern eine Ressource sein. So kann der Umgangskontakt mit dem umgangsberechtigten Elternteil im Beisein dieser vertrauten Person stattfinden.

Der Vorteil liegt klar auf der Hand: Es kommt nicht zum Streit zwischen den Eltern, da diese sich gar nicht begegnen.

Wenn die Kinder älter sind, tritt dieses Problem minimal zurück, da die Kinder ja dann lediglich vom umgangsberechtigten Elternteil zu Hause abgeholt werden und somit keine großartige Kommunikation zwischen den Eltern stattfinden muss.

Aber: Ich möchte mich ausdrücklich dafür aussprechen, dass es Eltern hinbekommen müssen, sich vor den gemeinsamen Kindern ordentlich gegenüber dem anderen zu verhalten. Auf Elternebene sollte dies funktionieren und wenn nicht, dann ist es besser, eine *Elternberatungsstelle* aufzusuchen.

Du musst dich nicht als Versagerin fühlen, wenn du zu einer Beratungsstelle gehst. Du kannst dir auch sicher sein, dass alles, was du dort besprichst, vertrauensvoll behandelt wird. Stichwort: Datenschutz. Ich kann es nachvollziehen, wenn du gerade denkst: »Das hat doch sowieso alles keinen Sinn.« Aber mal ehrlich: Wenn du an diesem Punkt bist, dann ist schon sehr viel schiefgelaufen. Was spricht also dagegen, es zu versuchen? Im Zweifel machst du eine weitere Erfahrung. Und sind wir nicht alle die Summe unserer Erfahrungen?

Kinder können einen dauerhaften Schaden erleiden, wenn sie die Eltern immer nur streiten sehen. Denn eure Kinder lieben euch beide.

Und das ist auch richtig so. Fangt nicht an, euch wechselseitig vor den Kindern zu beschuldigen, euch anzugreifen oder gar körperlich anzugehen. Natürlich ist es eine andere Sache, wenn eine Lage bereits völlig eskaliert ist oder wenn der Kindesvater die Kindesmutter beispielsweise vergewaltigt oder in anderer Weise massiv körperlich angegangen ist. Das ist natürlich ein völlig anderer Sachverhalt.

Aber bei »normalen« Trennungen appelliere ich an alle Eltern, dass sie sich so verhalten, dass es das Kindeswohl nicht gefährdet. Wie oft erlebe ich es, dass die Kinder wechselseitig manipuliert werden. Und dies passiert oft leise und nicht sofort sichtbar; beispielsweise wenn ein Elternteil ständig weint, weil die Trennung nicht verkraftet wird. So ein Verhalten löst bei Kindern schlimme Gefühle aus. Oder wenn ein Elternteil vor den Kindern dauernd auf dem anderen Elternteil herumhackt und den Kindern damit zu verstehen gibt: »Ihr seid bei mir viel besser aufgehoben.«

Auch habe ich schon erlebt, dass konstruierte Gründe dazu führen sollten, dass kein unbegleiteter Umgang vollzogen werden kann. Zum Beispiel hat eine Kindesmutter in einem Verfahren einmal gesagt: »Er kann keinen Umgang haben, da er nicht weiß, wie man die Windeln wechselt.« Also ich muss sagen, ich finde es erschreckend, wie weit manche Elternteile gehen, um die Kinder für sich zu vereinnahmen. Dahinter steckt der pure Egoismus. So sieht keine Liebe für die gemeinsamen Kinder aus. Da wird dem einem unterstellt, Kokain zu konsumieren und heimlich zu trinken. Dem anderen wird angedichtet, regelmäßig Pornos zu gucken und dies im Beisein der Kinder. Wieder andere Elternteile werfen sich wechselseitig vor, »psychisch krank« zu sein.

Besonders beliebt sind die Krankheits- und Persönlichkeitsstörbilder: Borderline, manisch-depressiv und Narzissmus.

Wenn ich in den ersten Minuten derartige Vorwürfe von meiner Mandantschaft höre, klingeln bei mir alle Alarmglocken. Nicht selten sind es dann diejenigen selbst, die in emotional-psychischer Hinsicht einiges aufzuarbeiten haben. Sorry, wenn ich das so deutlich sage, aber so ist meine berufliche Erfahrung aus unzähligen Fällen.

Intelligent getrennt

Auch wenn es am Anfang schwerfällt: Im Endeffekt ist es für dich am besten, wenn du dich mit deinem Ex friedlich über die Kontakte zu den Kindern einigst. Das ist für dich gut, es strapaziert dein Nervenkostüm weniger und spart dazu noch Geld für anwaltliche Vertretung, es ist für den Ex gut, es schont nämlich auch seine Nerven und, das Wichtigste, es ist für eure Kinder gut, denn sie bekommen das Signal von euch: »Ich darf Mama und Papa lieben.«

Sinnloser Stellungskrieg

Die Fälle, in denen es gut läuft, sind aber meistens nicht die familienrechtlichen Angelegenheiten, die bei mir auf dem Tisch landen. Da wird sich bekriegt, beleidigt und körperlich angegangen. Gegenseitige Unterstellung sind an der Tagesordnung. Jeder hat seine eigene Wahrheit. Und zugegeben: Wir Menschen haben alle unsere eigene Wahrheit und Wahrnehmung. Wichtig ist, dass wir in schwierigen Situationen kritikfähig sind.

Ich habe es schon häufig erlebt, dass eine Seite die andere Seite mit Angriffen attackiert. Es werden Sprachaufnahmen gemacht, Videos von den Kindern, wo sie gerade sagen, dass Mama doof ist u. v. m. Wenn das Familiengericht merkt, dass solche Maßnahmen getroffen werden, dann weist es die Gegenseite in die Schranken. So etwas ist beim Familiengericht nicht gern gesehen. Also: Wenn dir das passiert, dann vertraue darauf, dass sich dein Ex schon selbst ins Aus katapultiert.

Am Ende kann ein Sachverständigengutachten stehen. Und wenn du dich besonnen und vernünftig verhältst und die Gegenseite nicht, dann wird ein Gutachten dies im Regelfall auch ans Tageslicht bringen.

Es gibt immer Ausnahmefälle, in denen falsch entschieden wird. Wo Betroffene den Eindruck haben, dass sich alle gegen sie verschworen haben. Es tut mir dann immer so leid, da man in diesen schwierigen Fällen das Rad meist nicht zurückdrehen kann. Und ja, es gibt diese Fehlentscheidungen, alles andere wäre an dieser Stelle gelogen.

Wenn es darum geht, dass ein Umgangsantrag gestellt wird, da die Kindesmutter ihren Sohn, der mittlerweile zehn Jahre alt ist, seit vier Jahren nicht gesehen hat, und das Kind in der Anhörung sagt: »Meine Mutter hat sich nie um mich gekümmert, ich will sie deshalb nicht sehen«, kann auch deine Anwältin nicht mehr viel tun.

Somit mein Rat an dich: Wenn du Kinder hast und diese seit der Trennung bei ihm leben und du keinen Kontakt hast, dann zögere nicht, einen Umgangsantrag zu stellen. Die Zeit läuft im Zweifel gegen dich, und die Manipulation der Kinder, die, wie wir ja festgestellt haben, auch unbewusst geschehen kann, schreitet währenddessen voran.

Wenn du dagegen in einer Situation bist, dass er Umgangskontakte mit euren Kindern pflegt, und er dich und deine Erziehung ständig kritisiert, dann benötigst du ein dickes Fell. Du wirst ihn vermutlich niemals ändern.

Also hier einige Tipps von mir für dich, die sich bei meinen Followern und meinen Mandanten und Mandantinnen als hilfreich erwiesen haben:

- Reagiere nicht auf Provokationen oder rhetorisch angewandte Spitzen.
- Nimm immer die Vogelperspektive ein, so behältst du Abstand zu der Situation.
- Reduziere die Kommunikation zwischen euch auf ein Minimum.
- Entzerre die Übergabesituationen (schicke die Kinder zu den Umgangskontakten schon raus, so müsst ihr euch nicht begegnen).
- Bitte Vertraute von euch, dir gar nicht erst zu erzählen, was er wieder alles »Schlimmes« über dich gesagt hat (so regst du dich weniger auf).
- Buche ein Coaching/ein mentales Training.
- Stell dir vor, er wäre ein Dreijähriger (lohnt es, mit einem Dreijährigen in die Diskussion oder in einen Streit zu gehen?).
- Schreibe mit ihm nur über E-Mail und nicht über WhatsApp.
- Führt ein Übergabetagebuch.

Denk immer daran: Im Zentrum deines Handelns sollte nach deiner Trennung das Wohl deines Kindes stehen. Und auch dir tut es gut, dich nicht in sinnlosen Stellungskriegen zu verzetteln, denn das bringt dir einfach nichts. Wenn er nicht aufhört zu sticheln oder zu schimpfen, dann versuche, mental stark zu werden. Das hilft dir in akuten Situationen, lässt dich aber auch darüber hinauswachsen. Und irgendwann sind die Kinder erwachsen …

Der Zwei-Wochen-Rhythmus

Bei sehr vielen Paaren hat es sich bezüglich der Kinderbetreuung so eingeschlichen, dass der Kindesvater oder nein: der nicht betreuende Elternteil, in diesem Fall ist es häufig der Kindesvater, das gemeinsame Kind alle zwei Wochen von freitags bis sonntags sowie einen zusätzlichen Tag in der

Woche zuzüglich sämtlicher Ferien hälftig zu sich nimmt. Es gibt aber natürlich Väter, die, zu Recht, wie ich finde, ihre Kinder viel öfter sehen möchten.

Intelligent getrennt

Ich sage immer – und versuche darauf einzuwirken – dass es am besten für die Kinder ist, wenn die Eltern sich einigen. Der nicht dauerhaft betreuende Elternteil, in diesem Fall dein Ex, erhält ein großzügiges Umgangsrecht und alle sind glücklich.

Leider funktioniert dies in der Praxis aber eher selten, wenn Paare, die sich getrennt haben, einander bekämpfen, streiten und sich wechselseitig als den »besseren« Elternteil ansehen. So kommt es zu zahlreichen Umgangsverfahren vor den Familiengerichten.

Ich bin keine Freundin davon, den Kindesvater dem Kind zu entfremden und von ihm fernzuhalten. Das teile ich den Mandantinnen, die zu mir kommen und meinen, der Vater sei der schlechteste Mensch der Welt, auch sofort mit. Das Kind hat grundsätzlich das Recht auf beide Elternteile.

Was sagt das Gesetz?

Erinnere dich, das Recht auf Umgang ergibt sich aus § 1684 BGB: (1) Das Kind hat das Recht auf Umgang mit jedem Elternteil; jeder Elternteil ist zum Umgang mit dem Kind verpflichtet und berechtigt.

Das ist für einige eine bittere Pille, aber die gilt es zu schlucken! Sorry. Nur der Vollständigkeit halber betone ich an dieser Stelle erneut, dass ich hier nicht von gewalttätigen Kindesvätern spreche, sondern von den »Normalfällen«.

Wenn ihr euch also nicht einigen könnt, wer das Kind wann sehen darf, führt der erste Weg für euch immer zum *Jugendamt*. Das *Familiengericht* verlangt nämlich, bevor es tätig wird, dass beim örtlich zuständigen Jugendamt eine erfolglose Vermittlung stattgefunden hat. Ohne diese würde das Familiengericht einen Umgangsantrag zurückweisen. Also, merke: Wenn du Probleme hast, den Umgang zwischen Vater und deinem Kind zu regeln, mache einen Termin beim Jugendamt. Scheitert dieser Termin bzw. diese Beratung, ist der Weg frei zum Familiengericht. Du kannst, am besten über eine Rechtsanwältin, einen *Antrag auf Regelung des Umgangsrechts* stellen. Sollte dein Ex bereits einen Umgangsantrag gestellt haben, hast du die Möglichkeit, über einen Rechtsanwalt auf den Antrag zu reagieren.

Anwaltszwang hast du bei einem Umgangsantrag nicht. Du kannst den Antrag also auch selbst stellen. Ich rate dir aber dennoch, diesen von einem Rechtsanwalt für Familienrecht stellen zu lassen. Ein Familienrechtler weiß, wie ein solcher Antrag aufgebaut sein muss und welche Inhalte dort eben nicht hineingehören. Als juristischer Laie neigt man dazu, einen Umgangsantrag mit Themen zu überfrachten, die im familienrechtlichen Sinn unerheblich sind und im Zweifel dem jeweiligen Mandanten sogar schaden können.

Also: Beauftrage besser einen Rechtsanwalt. Die Kosten für einen Umgangsantrag, laut Gesetz über die Vergütung der Rechtsanwältinnen und Rechtsanwälte (RVG), sind überschaubar. Der Verfahrenswert beträgt 4000 €, sodass auf dich eine 1,3 Verfahrensgebühr von 361,40 € und eine 1,2 Terminsgebühr in Höhe von 341,20 € und, je nach Fall, eine 1,0 Vergleichsgebühr in Höhe von 201,00 € auf dich zukommt. Wenn du Verfahrenskostenhilfe erhältst, dann übernimmt die Kosten die Landeskasse. Dies hatte ich ja bereits weiter vorne im Buch für dich erörtert. Lies dazu auch die anderen Unterkapitel im Teil »Denk doch an die Kinder!«.

Vermittler zum Kind: der Verfahrensbeistand

Was du noch wissen solltest, ist, dass in jedem *Kindschaftsverfahren* – so heißt das, wenn du wegen der Kinder vor Gericht ziehst, um die Dinge mit dem Ex regeln zu lassen – ein Verfahrensbeistand bestellt wird.

Der Verfahrensbeistand hat im Umgangsverfahren oder auch im Sorgerechtsverfahren, unabhängig von den Interessen der Eltern, ausschließlich *die Interessen der Kinder* wahrzunehmen und den Willen des Kindes zur Geltung zu bringen.

Intelligent getrennt

Der Verfahrensbeistand ist formeller Verfahrensbeteiligter und kann gegen Entscheidungen des Familiengerichtes selbst sogar Rechtsmittel, somit Beschwerde einlegen. Verfahrensrechtlich kannst du als Kindesmutter gegen die Bestellung eines Verfahrensbeistands – und in der Regel auch gegen die Person des Verfahrensbeistands – keine Rechtsmittel einlegen. Wenn du also schlau bist, verdirbst du es dir nicht mit ihm oder ihr!

Ein Verfahrensbeistand ist übrigens nicht zwingend pädagogisch gebildet, sondern kann auch eine Juristin, eine Psychologin oder zusätzlich qualifiziert sein. Der Verfahrensbeistand hat also die *Aufgabe, die Interessen der Kinder zu vertreten.* Dabei hat er sowohl die subjektiven Interessen, das heißt, *den Willen des Kindes,* aber auch die objektiven Interessen des Kindes, somit das *Kindeswohl,* mit einzubeziehen.

Um diese Interessen herauszukristallisieren, ist es erforderlich, dass der Verfahrensbeistand mit den betreffenden Kindern und den Eltern spricht. Je nach Reifegrad ist ein persönliches »Gespräch« mit dem Kind ab einem Alter von drei bis vier Jahren gegeben. Bei jüngeren Kindern wird das Gespräch nur mit dem betreuenden Elternteil geführt. Diese Annahme stützen zahlreiche Verfahren. Die Rechtsprechung hat im Verlauf der Jahre die Altersgrenze von Kindern in einer Anhörung bei drei Jahren angesetzt, um den tatsächlichen Willen eines Kindes zu erforschen.

Wichtig ist, dass du als Elternteil dem Verfahrensbeistand mitteilst, was es für Probleme zwischen dir und dem Kindesvater gibt. Du kannst dich frei fühlen, das zu sagen, was dir auf der Seele brennt. Natürlich ist es keine gute Idee, den Kindesvater schlechtzureden. Dies kann schnell so wirken, als seiest du nicht bindungstolerant. Wenn der Kindesvater aber schlechte Dinge getan hat, und ich spreche hier von Dingen, die dem Kindeswohl geschadet haben, dann benenne diese auch.

Kindeswohlgefährdend ist es dabei *nicht,* wenn der Kindesvater das Kind bei Umgangskontakten zehn Minuten später zurückbringt. Kindeswohlgefährdend ist es auch nicht, wenn der Kindesvater mit dem Kind ab und zu bei McDonalds isst. Ich könnte noch fortfahren, aber ich denke, du verstehst, in welche Richtung ich denke.

Selbst wenn es verlockend sein sollte: Erfinde bitte auf keinen Fall negative oder sogar strafbare Handlungen, die nicht stattgefunden haben. Du bringst dich damit in Teufels Küche!

In schwierig zu beurteilenden Angelegenheiten hört der Richter die Kinder persönlich an, und zwar auch im Beisein des Verfahrensbeistandes. Die Eltern sind dabei nicht anwesend.

Termin beim Familiengericht und durch Instanzen

Sofern die Anhörung stattgefunden hat und die Gespräche mit dem Kindesvater und dir geführt wurden, beraumt das Familiengericht einen Termin an.

Meist verfasst der Verfahrensbeistand bis zu dem Termin einen Bericht mit einer abschließenden Empfehlung dazu, wie das Familiengericht entscheiden sollte.

Ich rate dir wirklich, dich nicht gegen den Verfahrensbeistand zu sperren. Das macht direkt einen schlechten Eindruck. Verfahrensbeistände sind objektiv und vertreten die Rechte des Kindes. Nicht mehr, aber auch nicht weniger.

Wenn der Verfahrensbeistand mit allen Beteiligten gesprochen hat, verfasst er in der Regel einen Bericht, in dem du am Ende ein Resümee findest. Darin kannst du lesen, welche Umgangsregelung nach Auffassung des Verfahrensbeistandes am ehesten dem Kindeswohl entspricht. Die Richter hören in der Regel auf die Empfehlung des Verfahrensbeistandes.

Bitte lasse dich nicht verunsichern oder einreden, dass Verfahrensbeistände parteiisch sind.

Ich habe viele erlebt. Nicht alle haben mir menschlich entsprochen, aber insgesamt machen sie ihre Arbeit gut. Du solltest dich kooperativ zeigen und nicht gegen den Verfahrensbeistand arbeiten. Und bedenke: Wenn dir das Ergebnis am Ende der Verhandlung nicht gefällt kannst du immer noch eine »Etage« weitergehen, nämlich zum Oberlandesgericht.

Das Oberlandesgericht ist die *Beschwerdeinstanz* für

erstinstanzliche Beschlüsse. Die Beschwerde ist gegen erstinstanzliche Beschlüsse möglich.

§ **Was sagt das Gesetz?**

Die Möglichkeit, Beschwerde einzulegen, ergibt sich aus § 64 FamFG. An dieser Stelle rate ich niemandem dazu, in erster Instanz einen gerichtlichen Vergleich zu schließen, wenn das Bauchgefühl ein Störgefühl zeigt. Sobald ein gerichtlicher Vergleich geschlossen wurde, ist die Einlegung der Beschwerde nämlich nicht mehr möglich. Man hat sich schließlich geeinigt, somit verglichen.

Ich habe es so oft erlebt, dass Mandantinnen und Mandanten bei mir waren, mir den gerichtliche geschlossenen Vergleich gezeigt und gesagt haben: »Frau Günther, ich wollte das eigentlich gar nicht, ich habe mich da unter dem Eindruck der Verhandlung zu drängen lassen.« Ja, genau, drängen lassen.

Familienrichter sind teils bemüht, dass die Beteiligten einen Vergleich schließen. Ich habe Familienrichter erlebt, die viel Druck ausgeübt haben, um zu erreichen, dass ein Vergleich abgeschlossen wird. Teils wurde sogar geäußert, dass eine Entscheidung sehr schlecht ausfallen könne und man mit einem Vergleich besser beraten sei. Wenn ich bei so einer Art und Weise zugegen bin, dann mache ich dem Familiengericht sehr eindeutig klar, dass ich ein derartiges Bedrängen nicht schätze und dass es meiner Mandantschaft freisteht, selbst zu entscheiden.

Je nach Fallkonstellation lohnt es sich, auf eine gerichtliche Entscheidung zu bestehen. Nur so ist der Weg zum Oberlandesgericht (OLG) frei.

Aber warum agieren manche Familienrichter so? Ich lehne mich nicht zu weit aus dem Fenster, wenn ich sage, dass ein Vergleich einfacher zu verfassen ist. Das ist ein Familiengericht in einigen Sätzen mit durch. Eine Entscheidung zu verfassen, bedeutet dagegen viel Arbeit, viel Argumentation und viel Zeit. Ferner gibt es für einen Vergleich eine 1,0, also mehr Gebühr für den Rechtsanwalt. Ich mache hier niemandem einen Vorwurf, aber ich finde es an dieser Stelle wichtig, es zu erwähnen, damit du den Gesamtkontext sehen kannst.

Der Verfahrensbeistand, den du im erstinstanzlichen Verfahren hast, den hast du auch im Beschwerdeverfahren. Dieser ist auch nicht so einfach auszuwechseln. Er kann nicht wegen Besorgnis der Befangenheit abgelehnt werden. Auch ist er nicht weisungsgebunden. Wenn allerdings Zweifel an seiner Eignung bestehen, kann beantragt werden, ihn zu entpflichten. Dies kommt beispielsweise in Betracht, wenn gegen den Verfahrensbeistand eine Strafanzeige läuft.

Kompromiss Wechselmodell?

Immer mehr wird das Wechselmodell zur Regel und das gängige, zweiwöchige Umgangsmodell, zur Ausnahme. Dies liegt daran, dass sich Väter erfreulicherweise zunehmend in die Erziehung und die Betreuung ihrer Kinder einbringen wollen. Es liegt am Wandel der Lebensumstände. Auch die Möglichkeit, im Homeoffice zu arbeiten, trägt zu dieser Entwicklung bei.

Das klassische *Wechselmodell* teilt die Umgangszeiten zwischen Kindesvater und Kindesmutter gleichmäßig auf. Eine Woche ist das Kind bei der Kindesmutter und eine Woche beim Kindesvater. Die Ferien werden ebenfalls hälftig aufgeteilt.

Das Wechselmodell hat Vorteile und Nachteile. Die Vorteile sind darin zu sehen, dass das Kind zu beiden Elternteilen eine gleichmäßige und beständige Bindung aufbauen und halten kann, bei beiden Eltern ein Zuhause hat, die Kindesmütter sich beruflich besser weiterentwickeln und selbstverwirklichen können.

Die Nachteile sind darin zu sehen, dass ein Kind im Wechselmodell möglicherweise niemals »zu Hause« ankommt, da es ständig zwischen den Haushalten hin- und herwechselt. Es kommt wirklich individuell auf das Kind an, ob es in einem Wechselmodell glücklich wird. Auch erfordert das Wechselmodell grundsätzlich, dass Eltern absprachefähig sind. Eltern, die sich ständig bekriegen, tragen dazu bei, dass sich auch die Kinder durch den dauernden Ortswechsel buchstäblich in einem »Krieg« befinden.

Das Wechselmodell erfordert zudem eine hohe Organisationsfähigkeit oder zumindest, dass ein Kind in beiden Zuhause alle Sachen hat, die es benötigt. Auch bedarf es einer Wohnortsnähe der Eltern. Wenn die Eltern weit voneinander entfernt wohnen, ist ein Wechselmodell eher weniger möglich. Kinder wollen irgendwann ihre Freunde nachmittags treffen, mit dem Fahrrad oder dem Roller zur Schule fahren u. v. m.

Das Wechselmodell kann funktionieren. Es kann aber auch schiefgehen.

Wichtig ist nur, dass die Ausübung des Wechselmodells dem Kindeswohl entspricht. Wenn du merkst, dass es deinem Kind eher schadet als guttut, solltest du dies mit dem Kindesvater und gegebenenfalls mit dem Jugendamt besprechen, damit ihr eine andere Lösung erarbeiten könnt. Das Gespräch mit dem Jugendamt ist natürlich kein Muss, wenn ihr beide euch einig seid. Das schriftliche Festhalten eurer Einigung kann euch helfen, euch zu verdeutlichen, worüber ihr euch geeinigt habt.

§

Was sagt das Gesetz?

Rechtliche Auswirkungen hat eine solche Einigung nicht. Sie ist nicht bindend. Bindend ist lediglich ein richterlicher Beschluss.

Umgangskontakte und die neue Freundin

Wenn dein Expartner bereits eine neue Freundin an seiner Seite hat und während eurer Trennung bereits bei ihr eingezogen ist, ist es vielfach schwierig, damit zurechtzukommen. Besonders dann, wenn du die Beziehung zuvor vielleicht wegen seines Seitensprungs beendet hast, aber nun als »die Verlassene« dastehst.

Wenn darüber hinaus noch gemeinsame, minderjährige Kinder existieren, mit denen dein Expartner Umgang haben möchte, wird es erst recht schwierig, denn: Oft ist es so, dass der Kindesvater, der nun bei seiner Freundin wohnt, auf Wolke sieben schwebt und glaubt, dass diese neue Frau an seiner Seite seine Traumfrau ist. Hormone, so sind sie eben. Infolgedessen möchte er vielleicht, dass seine Kinder an seinem neuen Leben teilhaben. Dies führt in der Folge oft dazu, dass die Kindesväter Umgang mit ihren Kindern im Beisein der neuen Freundin haben wollen. Häufig wollen sie, was nachvollziehbar ist, dass ihre Kinder auch bei ihnen übernachten. Dies bedeutet, dass die Kinder zumindest *auch* bei der neuen Freundin übernachten.

Aber wie gehst du damit um? Zugegeben, ich kann es so gut verstehen dieses Gefühl, wenn man seine Kinder in die Hände einer anderen Frau geben muss. Und im schlimmsten Fall noch in die Hände der Frau, die vermeintlich deine Ehe zerstört hat oder nun mit deinem Mann so kurz nach – oder sogar noch während – der Trennung glücklich ist.

In meiner Kanzlei habe ich einige von diesen Fällen, und einige wenige Frauen schaffen es tatsächlich ohne sichtbaren Ärger, ihre Kinder an den Expartner zu übergeben, in dem Wissen, dass dieser mit den Kindern zu seiner »Neuen« fährt. Natürlich gilt dies umgekehrt auch für verlassene Männer – aber wir konzentrieren uns in diesem Buch ja nun ausnahmsweise völlig auf Frauen. Das Argument »aber Frauen haben auch ...« zählt einfach mal nicht.

Wenngleich ich große Bewunderung für diese Frauen hege, weiß ich nicht, ob ich das schaffen würde. Aus meiner Sicht fällt es der Mehrzahl der Frauen richtig schwer. Manche Frauen versuchen dann alles, um zu verhindern, dass ihre Kinder auf die neue Freundin des Kindesvaters treffen. Da sind die Kinder mal krank oder sind verabredet; wieder ein anderes Mal ist man weggefahren und sie hatte »vergessen«, dies mitzuteilen. Die Ausreden sind vielschichtig und erschöpfen sich niemals. Aber wie ist die Rechtslage?

Intelligent getrennt

Hat der Kindesvater das Recht dazu, die gemeinsamen minderjährigen Kinder mit zu seiner neuen Freundin zu nehmen? Dazu ein deutliches Ja! Natürlich sollte es klar sein, dass man seinen Kindern nicht direkt und unmittelbar nach der Trennung die neue Partnerin präsentiert. Aber mit der Zeit, wenn die neue Partnerin Teil des Lebens wird, ist es natürlich legitim, dass die Kinder diese Frau kennenlernen. So hart das auch für dich als Kindesmutter sein mag.

Wenn ersichtlich ist, dass die Kinder immer wieder neue Freundinnen vom Kindesvater kennenlernen, ist es ebenso völlig klar, dass dies Kindern nicht zumutbar ist. Dann ist vertretbar, Übernachtungskontakte einzustellen und festzulegen, dass die Umgangskontakte nicht im Beisein der ständig wechselnden Partnerinnen stattfinden.

Auch wenn die neue Freundin des Kindesvaters ständig mit den Kinder alleine ist, dabei raucht und trinkt, ist dies nicht gut für das Kindeswohl. Versuche in diesem Fall mit dem Kindesvater ein Gespräch zu führen. Hole ihn mit ins Boot, damit fühlt er sich nicht dominiert. Frag ihn, ob er eine Lösung für dieses Problem hat. Dass du im innerlich vor Wut kochst, muss er nicht mitbekommen. Denke immer daran: Dieses Buch heißt »Intelligent getrennt« und nicht »Wie ich mit dem Holzhammer zu meinem Recht komme«.

Übernachtungskontakte

Ein weiterer Streitpunkt sind in aller Regel Übernachtungskontakte. Sollten Kinder bei dem Kindesvater übernachten dürfen?

Überleg mal, was denkst du spontan dazu? Was findest du umgekehrt? Natürlich dürfen deine Kinder bei deinem Expartner übernachten, er ist schließlich der Papa. Zeig dich somit bindungstolerant und versuche nicht, Umgangskontakte, die den Kindern guttun, zu boykottieren.

> Wenn ihr euch bereits in einem familienrechtlichen Umgangsverfahren befindet, so signalisiere dem Richter, dem Jugendamt und dem Verfahrensbeistand, dass du Umgangskontakte mit Übernachtung förderst.

Ja, auch wenn es dir schwerfällt – ich kann dich verstehen, aber du tust den Kindern damit nichts Gutes, wenn du es boykottierst. Du kannst zudem damit rechnen, dass man dir dein Verhalten negativ auslegt.

Ich betone an dieser Stelle, wie so oft, dass ich hier immer von den »Normalfällen« ausgehe und nicht von denen, bei denen der Kindesvater beispielsweise Gewalt gegenüber Kindern und Mutter verübt hat.

Wichtig ist natürlich, dass deine Kinder beim Kindesvater einen Platz zum Schlafen haben. Aber das setze ich mal voraus. Du lachst? Ja, ich hätte es auch nie gedacht. Bis ich zum ersten Mal einen Kindesvater auf der Gegenseite hatte, der Umgangs- und Übernachtungskontakte in einer Garage stattfinden lassen wollte. In diesem Fall hat sich das Familiengericht gegen Übernachtungskontakte ausgesprochen.

Übernachtungskontakte sind wichtig und absolut normal; sieh diese nicht als Bedrohung an, sondern gönne sie deinen Kindern. Sie ziehen einen Mehrwert daraus und sie dienen ihrer persönlichen Entwicklung.

Strittige Umgangskontakte

Nicht wenige Mandantinnen sitzen beim Erstgespräch vor mir und sind völlig verzweifelt. »Er macht mich völlig fertig, er ist so toxisch. Egal was ich mache, es ist immer falsch. Er schreit mich immer an und bedroht mich vor den Kindern. Ich bin immer die schlechte Mutter und er der großartige Vater«, dies sind nur einige Sätze, die ich höre, wenn ich meine Mandantinnen in der ersten Beratung kennenlerne.

Was mir dabei regelmäßig auffällt, ist, dass Mandantinnen sich im Kreis drehen, gedanklich meine ich. Sie erzählen mir wiederholt, was der Kindesvater alles sagt und tut, ohne sich dabei auf sich zu konzentrieren. Mein gebetsmühlenartiger Hinweis lautet stets: »Es ist völlig egal, was er sagt oder nicht sagt! Was Sie wollen, ist wichtig!«

In der Regel ist die Trennung vom Kindesvater sehr frisch und die Gefühle sind noch verletzt. Leider ist es für die meisten frisch getrennt Lebenden nicht möglich, die Kinder völlig aus der Schusslinie zu halten. Und das sage ich nicht als Vorwurf, es ist einfach ein Fakt.

Häufig teilen mir Mandantinnen mit, dass der Kindesvater sie damit erpresst, ihnen die Kinder wegzunehmen oder mit den Kindern wegzuziehen. Wieder andere Mandantinnen befinden sich in der Situation, dass der Kindesvater die Kinder bei jedem Umgangskontakt ausfragt und sie manipuliert. (Ich möchte hier betonen, dies ist häufig wechselseitig der Fall, wir uns aber in diesem Buch auf die Rechte der Frauen konzentrieren.)

Oft ist es so, dass beide Seiten sich kleinkariert verhalten und um Tage, Stunden, sogar Minuten gekämpft wird, was den Umgang mit den gemeinsamen Kinder anbelangt.

Wenn das Jugendamt keine Lösung erarbeiten konnte, ist der Weg frei zum Familiengericht. Solltest du dich gerade in einer solchen Situation befinden, so rate ich dir, dich nicht zu verlieren. Damit meine ich, dass du natürlich für dich und deine Kinder kämpfen sollst, aber: Bleibe bitte fair. Entziehe den Kindern nicht den Vater und versuche, das Verhältnis zwischen Vater und Kindern zu fördern.

In den »normalen« Trennungssituationen kann ich nur immer wieder an Eltern appellieren, die Kinder nicht in den Streit mit einzubeziehen. Sie geraten sonst in einen Loyalitätskonflikt. Dies kann später zu schwerwiegenden psychischen Schäden führen.

> Kinder sollen sich frei fühlen. Sie dürfen beide Elternteile lieben.

Das heißt, wenn du dich aktuell in einem Umgangsverfahren befindest, zeige dich großzügig, sei nicht impulsiv (auch wenn es schwerfällt), werde in der Verhandlung nicht aggressiv. Gehe mit den Fachleuten in den Dialog und lasse dir dabei helfen, eine gute Umgangslösung zu erarbeiten.

Ist da allerdings ein Kindesvater, der unzuverlässig ist,

Drogen konsumiert, die Kinder abends allein lässt oder sie gar anschreit oder schlägt, solltest du dich dafür einsetzen, dass deine Kinder mit diesem Mann nicht alleine Zeit verbringen. Für solche Fälle gibt es Umgangspfleger, die die Umgangskontakte dann begleiten und dokumentieren. Kopf hoch! Du schaffst das!

Intelligent getrennt

Bewahre gerichtliche Beschlüsse unbedingt auf. Es kann sein, dass ein weiteres Verfahren folgt. Kinder sind erst ab dem 18. Lebensjahr volljährig. Möglicherweise benötigt deine Rechtsanwältin die letzten gerichtlichen Beschlüsse, um umfassend informiert zu sein.

Umgangsverfahren, die in aller Regel strittig sind, können sehr nervenaufreibend sein. Bemühe dich daher um Sachlichkeit und lasse dich von dem Kindesvater nicht provozieren, dich in emotionalen Ausbrüchen zu verlieren. Das bringt dich kein Stück weiter.

Wenn du allein zu Hause bist, bei deiner Familie oder Freunden kannst du schreien, weinen, schimpfen, ausrasten! Aber nicht im Gerichtssaal. Richter sehen sowas in aller Regel nicht gerne, auch wenn Gefühle natürlich verständlich sind.

Es kann vorkommen, dass ein gerichtlicher Umgangsvergleich geschlossen wurde und ihr euch vor dem Familiengericht auf bestimmte Umgangszeiten geeinigt habt. Gratulation. Es kommt aber leider vor, dass ein Elternteil die Umgangskontakte trotzdem boykottiert. Dann ist das Kind auf einmal krank, man hat den Umgangskontakt vergessen, oder das Kind ist zu einem Geburtstagsfest eingeladen, man hat das Schellen des Umgangsberechtigten nicht gehört, oder, oder, oder.

In solchen Situationen ist es wichtig, dies schriftlich zu dokumentieren. Was du schriftlich dokumentiert hast, übergibst du dann deiner Anwältin. Aber bitte nur die Sachverhalte, die relevant sind. Also nicht nach dem Motto: »Der Elternteil ist am 7. 1. 2024 zehn Minuten zu spät gekommen.«

Bitte denke daran, bevor du zu deiner Anwältin gehst, informiere das Jugendamt. Deine Anwältin wird, wenn das Jugendamt nichts tun kann, deine schriftlichen Dokumentationen dem Familiengericht übersenden, mit dem Antrag auf Vermittlung. Dann wird nämlich eine neue Verhandlung anberaumt. Und wenn sich herausstellt, dass die Vorwürfe stimmen, wirst du erleben, dass der Familienrichter in einem Vermittlungsverfahren nicht mehr so nett ist, wie er ursprünglich war.

Machen wir uns nichts vor: Die Gegenseite wird natürlich alles abstreiten. Aber vertraue da auf deine schriftlichen Dokumentationen, auf deine Anwältin und das Familiengericht.

Im Worst Case, wenn sich das Verhalten laufend wiederholt, gibt es richterliche Konsequenzen, wie z. B. die Verhängung eines Ordnungsgeldes oder ersatzweise Ordnungshaft.

Es ist stets schwierig, wenn ein Elternteil komplett blockiert. Sicherlich gibt es die Möglichkeit eines Coachings. Aber um ehrlich zu sein, bringt dies nur etwas, wenn beide Elternteile kognitiv und emotional in der Lage dazu sind. Es gibt Persönlichkeitsprofile, bei denen das beste Coaching nichts bringt.

Die Großeltern – Rückhalt oder Quertreiber?

In zahlreichen Familienkonstellationen kommt es vor, dass die Eltern des Ex, somit die Großeltern des Kindes väterlicherseits, bei den Kindesmüttern nicht mehr erwünscht sind.

Blut ist ja in der Regel dicker als Wasser, klar. Hieraus resultieren nachvollziehbare Interessenkonflikte. Die meisten Eltern wollen das Beste für ihr Kind, und der Kindesvater bleibt sein Leben lang das Kind seiner Eltern. Häufig wird den Großeltern väterlicherseits nicht mehr vertraut. Die Kindesmutter glaubt, dass die Großeltern väterlicherseits über sie lästern, und zwar auch im Beisein des eigenen Kindes. Dies ist zugegebenermaßen gar nicht lebensfern. Natürlich wird über die Exfrau gesprochen und natürlich geschieht dies leider oft im Beisein der Kinder.

Letztlich haben die Kinder aber ein Recht darauf, auch nach einer Trennung weiterhin Kontakt zu den sozialen Bezugspersonen zu haben. Hierzu gehören Großeltern unbedingt dazu. Es gibt jedoch Grenzen. Wenn die eigenen Kinder dir rückmelden, dass bei den Großeltern über dich gelästert wird und dass sie sich dabei nicht wohlfühlen, dann kannst du entscheiden, die Kinder nicht mehr dorthin zu geben.

Du kannst allerdings nichts dagegen machen, wenn der Kindesvater die Kinder an seinen Umgangskontakten mit zu seinen Eltern nimmt.

> Bestimmte Dinge sind im Leben nicht veränderbar.

Mir ist es ganz wichtig, dir dies an dieser Stelle zu sagen. Es ist besser, das anzunehmen, als sich das Leben damit schwerzumachen, dagegen anzukämpfen. Manche Windmühlen sind unüberwindbar, und du reibst dich auf, wenn du versuchst, das zu verändern.

Manipulation geschieht immer und überall. Das muss man sich klarmachen. Ein Augenverdrehen, ein schweres Atmen, ein ignorantes Lachen, ein Nichtbeachten und schon sprechen wir von Manipulation. Prüfe einmal für dich selbst, wie häufig es dir selbst passiert. Ich habe mich dahingehend reflektiert und ich muss sagen: Ja, auch ich kann mich nicht frei davon sprechen, unbewusst zu manipulieren. So ist das Leben, so ist die Welt, und wir können unsere Kinder nicht vor allen Dingen beschützen. Genau das nennt man Sozialisation. Wir müssen mit gutem Beispiel vorangehen, so gut wir es eben können.

Ich rate dir wirklich dazu, lasse dein Kind diejenigen Personen lieben, die es möchte. Dein Kind wird irgendwann auch mehr verstehen, einen Überblick haben und sich eine eigene Meinung bilden. Vertraue einfach darauf.

Es sollte selbstverständlich sein, aber ich erwähne es der Vollständigkeit halber: Natürlich ist nicht die Rede davon, sein Kind zu Großeltern zu geben, die vor dem Kind eine nach der nächsten rauchen, ständig betrunken sind oder das Kind mit ungesundem Zeug vollfüttern, obgleich das Kind bereits in Richtung Übergewicht geht.

Rein rechtlich kann, sofern das Kindeswohl durch Großeltern gefährdet ist und dies auch nachgewiesen ist, das Umgangsrecht gerichtlich ausgeschlossen werden.

Die Rolle des Jugendamtes

Meistens kommt bei den Eltern Angst auf, wenn das Wort »Jugendamt« fällt. Sofort kommen Geschichten auf, wie jemandem die Kinder »weggenommen« wurden und Ähnliches. Dabei kommt es wie überall natürlich auf die einzelnen beteiligten Menschen an. Das Jugendamt ist bei Kindschaftssachen, genau wie der Verfahrensbeistand, beteiligt. Doch davor brauchst du keine Angst zu haben.

§

Was sagt das Gesetz?

Die einschlägigen Vorschriften dazu finden sich im SGB VIII – dem Sozialgesetzbuch (SGB – Achtes Buch VIII – Kin-

> der- und Jugendhilfe. So ist zum Beispiel § 42 SGB VIII einschlägig, wenn es um die Inobhutnahme eines Kindes geht. Das SGB VIII ist überschaubar. Ein Blick hinein lohnt sich somit.

Das Jugendamt hat in aller Regel zuerst Kontakt mit dir oder deinem Ex gehabt, wenn ihr euch bereits vorher um das Kind gestritten habt und einer von euch das Jugendamt um Vermittlung gebeten hat. Somit kann das Jugendamt aus seiner Sicht im Rahmen eines gerichtlichen Verfahrens berichten, wie es die Familiensituation wahrnimmt und wo aus dessen Sicht die Probleme liegen.

Auch hier gilt: Sieh das Jugendamt nicht als deinen Feind an!

Sollte das Jugendamt jedoch Vorwürfe in den Raum stellen, die unbegründet sind, dann trete den Gegenbeweis an und bespreche dich unbedingt mit deinem Anwalt. Bleibe cool und gelassen. Reagiere auch in dieser Situation nicht impulsiv, so schwierig das auch sein mag. Ich weiß, ich wiederhole mich, aber ich kann das nicht oft genug raten: keine impulsiven Handlungen, sie können dir später negativ ausgelegt werden.

Ich erinnere mich an dieser Stelle an eine Mandantin, die sich mit dem Jugendamt und der Tatsache, dass dieses nun involviert war, so gar nicht anfreunden konnte. Auch mit dem Kindesvater hat sie sich überhaupt nicht verstanden. Es gab mehrere Treffen zwischen meiner Mandantin und dem Jugendamt. Der Kindesvater hatte gegenüber dem Jugendamt den Vorwurf erbracht, dass meine Mandantin impulsiv handeln würde, schnell herumschreie und das Kind betreffend nicht verbindlich sei. Sie sei nicht bindungstolerant. Als meine Mandantin dann Besuch vom Jugendamt bekam, äußerte sie sich flapsig, dass sie nicht einsehe, aus welchem Grund sie das Jugendamt überhaupt in die Wohnung lassen solle und vergriff sich im Ton, als sie äußerte, das Jugendamt sei ohnehin nicht kompetent genug, Sachverhalte abschließend zu beurteilen. Das Jugendamt würde den Kindesvater und sein problematisches Verhalten nicht kennen.

Später bereute meine Mandantin ihr Verhalten, als sie mir davon berichtete. Es kam, wie es kommen musste: Das Jugendamt verfasste seinen Bericht über die Besuche bei der Kindesmutter. Darin stand, wie »impulsiv« und »frech« man die Kindesmutter erlebt habe und sich somit vorstellen könne, dass die Vorwürfe, die der Kindesvater gegenüber der Kindesmutter erhebe, möglicherweise berechtigt sind.

Da meine Mandantin, die sich von dem Kindesvater wie getrieben fühlte, auch gegenüber dem Verfahrensbeistand sehr unhöflich war, hat das Familiengericht aufgrund der vorliegenden Berichte der Fachstellen entschieden, ein Sachverständigengutachten einzuholen. Dieses sollte unter anderem die Frage klären, ob meine Mandantin bindungstolerant und somit in der Lage ist, das Kindeswohl auf lange Strecke sicherzustellen.

Intelligent getrennt

Wenn es darum geht, vor dem Familiengericht und dem Jugendamt zu punkten, dann geht es nicht darum, alles auszusprechen, was man denkt, oder sich auf Endlosdiskussionen einzulassen. Es gilt, intelligent zu handeln und zu argumentieren – mit Fokus auf das Ziel.

Jeder Mensch ist anders. Ich konnte meine Mandantin, da ich den gesamten Fall kannte, gut verstehen. Dennoch hatte ich ihr aber dazu geraten, sich angemessen zu verhalten und dem Jugendamt keine Munition zu liefern. Sie sollte sich im Griff haben. Dies ist ihr allerdings nicht gelungen. Somit kam es dann auch deswegen zu einer Gutachtersituation, die ich glücklicherweise zum Ende hin für uns auslegen konnte. Es hätte aber ebenso sehr nachteilig für meine Mandantin enden können. Dann wäre das Aufenthaltsbestimmungsrecht auf den Kindesvater übertragen worden und meine Mandantin hätte lediglich ein Umgangsrecht gehabt.

Glänze mit Gelassenheit und Souveränität. Das macht dich stark!

Elterliche Kommunikation: reden, verstehen, zuhören, antworten

Machen wir uns nichts vor. Alles Zwischenmenschliche steht und fällt mit der Kommunikation. Naturgemäß ist das zwischen den Kindeseltern nicht anders. Das Gesetz stellt das Kind bei familienrechtlichen Auseinandersetzungen stets zu Recht in den Mittelpunkt. Ob die Eltern miteinander können oder nicht, ist dem Gesetz egal. Vielmehr verlangt das Gesetz, dass sich die Eltern für das Kind »zusammenraufen«. Dieser Prozess ist oft sehr schwierig bis hin zu aussichtslos.

Erst kürzlich hatte ich ein Elternpaar in einer Verhandlung, das so sehr zerstritten war, dass kein Gespräch mehr möglich war, ohne dass die beiden sich wechselseitig beschuldigt und beleidigt haben. Es wurde geschrien, getobt, und es ging dabei unterm Strich nicht mehr um das gemeinsame Kind, sondern um enttäuschte Emotionen, die ihre Wurzel in jahrelangen Streitigkeiten hatten.

Wenn gar keine Kommunikation mehr möglich ist, und sich die Eltern massiv beleidigen und bedrohen bis hin zu Drohungen wie: »Ich schneide dir die Kehle durch!«, dann kann das Familiengericht die elterliche Sorge auf den Elternteil übertragen, der am ehesten in der Lage ist, sich bindungstolerant im Hinblick auf den anderen Elternteil zu verhalten.

Ist jedoch eine minimale Gesprächsbasis vorhanden, legt das Familiengericht den Betroffenen in der Regel auf, eine *Elternberatungsstelle* aufzusuchen, um dort zu lernen, wie man auf Elternebene miteinander spricht. Dies ist für viele eine große Belastung. Persönlich ziehe ich den Hut vor jedem, der ein Mindestmaß an Kommunikation nach einem ekligen Ehekrieg und einer schmutzigen Scheidung hinbekommt.

Aber wie schafft man es, eine gute Kommunikation bzw. eine Kommunikationsstruktur hinzubekommen, die möglichst wenig belastet? Wenn Paare sich teils über so viele Jahre auseinanderdividiert haben, sich gegenseitig sogar anwidern, ist häufig kein Platz mehr für eine gelingende Kommunikation.

Wenn du dich gerade in so einer Situation befindest, rate ich dir dennoch dazu, eine andere Haltung einzunehmen.

Intelligent getrennt

Es geht um eure Kinder, die unter dem Streit massiv leiden. Langfristig hast du gar keine andere Wahl, als deine innere Haltung zu deinem Ex zu ändern.

Hier einige Tipps für deine innere Haltung:

- *Lasse dich nicht triggern* oder provozieren. Versuche das auszublenden! Entziehe ihm damit die Macht, dich in eine schlechte Stimmung oder dich zum Ausrasten zu bringen.

- Schreibe *keine WhatsApp-Nachrichten* mit ihm. Dies öffnet erfahrungsgemäß Tür und Tor dafür, einander kontrollieren zu wollen, zu beleidigen, sich unschöne Bilder zuzusenden und vieles mehr. Steig ab sofort auf E-Mail-Verkehr um. Dies hat den Vorteil, dass der andere nicht sieht, wann die E-Mail gelesen wurde, er sieht nicht mehr, ob und wann du online bist (Lesebestätigungen kann man bei E-Mail ausschalten). Es schreibt sich in einer E-Mail auch weniger einfach, wie scheiße man sich gegenseitig findet. Wenn er E-Mails nur selten liest, dann beschränke dich per WhatsApp darauf, lediglich mitzuteilen, dass er eine Nachricht bekommen hat und lasse dich konsequent nicht zu weiterem Austausch auf WhatsApp ein.
- Führe ein *Umgangstagebuch,* auch *Übergabebuch* genannt. Führe dieses ein und teile ihm mit, dass ihr davon beide profitieren könnt. In dieses Buch schreibt ihr wichtige Dinge, den Umgang betreffend, wie z. B.: benötigt das Kind Sportsachen oder besondere Kleidung, war das Kind krank, hat sich das Kind möglicherweise verletzt u. v. m. Glaube mir, ein Umgangstagebuch merzt lästige Diskussionen bei der Übergabe des Kindes aus. Es schont deine Nerven und definitiv die Nerven eurer Kinder.
- Je nach Möglichkeit kann es ratsam sein, die *Übergabesituation zu verlagern;* wenn es zum Beispiel immer wieder zu massiven Streitigkeiten beim Abholen und Bringen des Kindes kommt, könnte überlegt werden, das Kind in Zukunft nicht von zu Hause, sondern direkt von der Kita/Schule abzuholen und das Kind nach dem Umgang am Montagmorgen zur Kita/Schule zu bringen. So müsst ihr euch nicht begegnen. Probiere es aus!

- *Reduziere* in jedem Fall die *Kommunikation* mit dem Kindesvater auf ein Minimum.
- Versuche dich und die Situation aus der *Vogelperspektive* zu betrachten, so schaust du gefühlt von oben und dies führt automatisch dazu, dass du besonnener und sachlicher handeln und reagieren kannst.

By the way: Was denkst du, was ich tue, wenn ich mich in einer gerichtlichen Situation befinde, in der ich vom gegnerischen Kollegen massiv angegriffen werde? Genau! Ich nehme die Vogelperspektive ein. So behält man den Überblick.

Wenn du dich in deiner aktuellen Situation unsicher fühlst, so lade ich dich ein, mein Coachingprogramm *»Intelligent getrennt«* zu buchen. Du wirst weitere Tipps und Tricks erhalten, welche dich in die Lage versetzen, die Kommunikation insoweit zu verbessern/zu verringern, dass du keinen weiteren Schaden nimmst und die Trennung bestmöglich bestehst. Mehr dazu findest du auf meiner Website *www.scheidungsanwalt-dortmund.de.*

Intelligent getrennt – good to know

Im Folgenden findest du nach all meinen Ausführungen nun einen Fall aus der Praxis, damit du siehst, wie eine Scheidung in der Realität abläuft. Danach findest du die häufigsten Irrtümer, denen man begegnet und abschließend ein Briefing für dein erstes Gespräch mit deiner Anwältin.

Damit bist du gut gerüstet und kannst dich in aller Ruhe mit deiner eigenen Situation beschäftigen.

Das Ende einer Ehe – ein Beispiel aus der beruflichen Praxis

Anna und Paul waren der Inbegriff eines Bilderbuch-Traumpaars. Sie verliebten sich, machten beide ihren Uniabschluss, verlobten sich und heirateten bald darauf. Etwa ein Jahr danach war Anna mit dem ersten Kind schwanger. Neun Monate später brachte sie einen Jungen zur Welt, und eineinhalb Jahre danach folgte gleich die nächste Schwangerschaft.

Das Glück der beiden schien perfekt, als sie das langersehnte Eigenheim gefunden hatten und dort als Vorzeigefamilie einschließlich eines Labradormischlings einzogen.

Während Anna ihre Arbeit als Ingenieurin nicht mehr ausübte und sich den Kindern und dem Heim widmete, erwirtschaftete Paul das monatliche Einkommen für die Familie. Wenn er nach Hause kam, war er häufig müde und gereizt. In sexueller Hinsicht lief mit der Zeit immer weniger, da Anna nach einem Tag voller Arbeit mit Kindern (mittlerweile vier und sechs Jahre alt), Haus und Hund ebenfalls ausgelaugt war.

Es kam, wie es kommen musste: Paul fing etwas mit seiner Mitarbeiterin im Betrieb an. Ein junges, hübsches Mädchen, ungebunden und sexuell aktiv. Es dauerte nicht lange und es entwickelten sich auf beiden Seiten intensive Gefühle.

Anna spürte intuitiv, dass etwas nicht stimmte, es kam zunehmend zu Streit, und letztlich fand Anna in einem WhatsApp-Chat auf dem Handy von Paul eindeutige Liebeserklärungen von Paul an seine Affäre.

Am Boden zerstört erschien Anna wenige Tage, nachdem sie die Nachricht gefunden hatte, in meinem Büro, um sich familienrechtlich beraten zu lassen.

Es liegt in der Natur der Sache, dass familienrechtliche Mandate hochemotional sind und damit zeitintensiv. Man kann ein familienrechtliches Mandat nicht mal eben so abfertigen, denn dahinter stehen letztlich menschliche Schicksale und nicht selten sind auch die Kinder betroffen.

Was steht also für Anna an? Sie möchte sich trennen, das ist vollkommen klar für sie, aber es ergeben sich aus der Trennungssituation zahlreiche Fragen, die es zu klären gibt. Wer zieht aus dem Haus aus,und wer bleibt dort wohnen? Wer zahlt welche Verbindlichkeiten, wer bekommt welche Möbel? Bei wem werden die Kinder wohnen, und wie hoch ist der zu erwartende Kindesunterhalt? Und, und, und.

Ich werde somit nachfolgend für dich darstellen, welche Bereiche im Vorfeld eines Scheidungsverfahrens zu klären sind und wie eine Scheidung in aller Regel ablaufen kann.

Das Trennungsjahr

Zunächst einmal muss die Trennung eingeleitet werden, wodurch der Lauf des Trennungsjahres überhaupt erst in Gang gesetzt wird, denn: In Deutschland wird eine Ehe in der Regel erst geschieden, wenn die Eheleute ein Jahr lang getrennt voneinander leben.

Dies bedeutet jedoch nicht, dass man zwingend in verschiedenen Häusern oder Wohnungen leben muss. Nein! Man kann die Trennung auch innerhalb der ehelichen Wohnung vornehmen, solange die (und nun kommt eine juristische Bezeichnung) Trennung von Tisch und Bett erfolgt. Bedeutet: Man darf nicht mehr in einem Bett schlafen, man darf nicht mehr für den anderen kochen oder waschen, ja, man darf nicht einmal mehr für den anderen einkaufen.

Du lachst? Genauso ist es aber. Sofern man nachweislich doch für den anderen mitagieren sollte, kann das den Ablauf des Trennungsjahres verhindern.

Ich hatte in meiner Praxis mal einen Fall, wo sich meine Mandantin scheiden lassen wollte, ihr Mann jedoch nicht! Ihm war somit sehr daran gelegen, das Trennungsjahr zu blockieren. Die beiden hatten die Trennung der Kinder wegen im ehelichen Haus vollzogen.

Beim Scheidungstermin vor dem Familiengericht holte der Ehemann meiner Mandantin einen Zettel hervor, worauf stand: »Könntest du mir zwei Pakete Milch, Gehacktes und Schokolade mitbringen?« Danach kam die Antwort, ebenfalls schriftlich auf dem Zettel zu Papier gebracht: »Ja, mache ich.«

Was das bedeutet hat, kannst du dir bestimmt denken, oder? Genau! Der gegnerische Anwalt hat beantragt, meinen Scheidungsantrag mangels Ablauf des Trennungsjahres zurückzuweisen. Eine Trennung von Tisch und Bett sei ja wohl nicht erfolgt, da man ja noch für den anderen eingekauft habe. Das wars. Der Scheidungsantrag wurde zurückgewiesen und musste dann wenige Monate später erneut gestellt werden. Tja, so kann es gehen.

Man sollte also, wenn man die Trennung einleitet, wirklich darauf achten, diese radikal durchzuführen oder sich beim gemeinsamen Einkaufen nicht erwischen lassen.

Anna und Paul jedenfalls hatten eine räumliche Trennung durchgeführt. Die Kinder hatte Anna mitgenommen.

Unterhalt

Im Fall von Anna und Paul war für Anna zu klären, ob und in welcher Höhe Paul nun Unterhalt zu leisten hatte. Schließlich hatte Anna sich der Familie hingegeben, sodass sie über keinerlei Einkommen verfügte.

Bei zwei minderjährigen Kindern hatte Paul somit zunächst einmal Kindesunterhalt zu zahlen, der sich einerseits nach der Düsseldorfer Tabelle richtete und andererseits nach dem bereinigten Nettoeinkommen von Paul.

Stichwort bereinigtes Nettoeinkommen: Viele fragen mich, was dieses Wort bedeutet. Ganz einfach, es bedeutet, dass von dem Nettoeinkommen Schulden und sonstige abzugsfähige Positionen abgezogen werden und von dem somit bereinigten Einkommen dann die entsprechenden Unterhaltsbeträge zu berechnen und zu leisten sind.

Paul verfügte über ca. 2500,00 € netto, sodass er für das erste Kind 387,50 € und für das zweite Kind 323,50 € Kindesunterhalt zahlen musste.

Sodann war natürlich die zweite Frage zu klären: Nämlich: Ist für Anna auch noch Trennungsunterhalt drin, oder ist sie nun ein ALG-II-Kandidatin?

Dazu muss man wissen, dass dem Pflichtigen, somit Paul, ein Selbstbehalt von 1 280,00 € verbleiben muss. Somit konnte er maximal 500,00 € für Anna aufbringen, sonst wäre sein Selbstbehalt unterschritten worden, was bedeutete, dass Anna zusätzliche staatliche Leistungen beantragen musste, um finanziell überleben zu können.

Wenn ich über Zahlen spreche, dann habe bitte dafür

Verständnis, dass es sich hier nur um ungefähre Angaben handelt, da alles andere den Rahmen sprengen würde. Aber: Du bekommst so zumindest einen Einblick.

Ich halte fest: Das Trennungsjahr lief, und der Mehrverdienende muss Kindesunterhalt für gemeinsame, meist minderjährige Kinder zahlen, dies zu Händen der oder des Betreuenden, sowie Trennungsunterhalt, soweit der Selbstbehalt gewahrt ist.

Dies habe ich mit Anna damals auch so besprochen. Aber sie hatte ein weiteres, bei einer Trennung oft wiederkehrendes Problem ...

Die Auseinandersetzung um die Immobilie – wer zieht aus?

Machen wir uns nichts vor: In der Regel sind die Immobilien, in denen wir leben, nicht abbezahlt, sodass man bei einer Trennung schauen muss, was Sinn hat und vor allem: Wer zieht erst einmal aus?

Diese Frage kreiste bei Anna extrem im Kopf herum, da die Vorstellung, dass Paul mit der »Tussi«, wie sie die Neue nannte, in dem Haus wohnen sollte, das sie liebevoll eingerichtet hatte, für sie ein Horrorszenario war.

Die Frage, wer im Falle einer Trennung in der ehelich finanzierten Immobilie bleibt, ist nicht eindeutig zu beantworten. Durch eine Trennung hat kein Ehegatte Anspruch auf Auszug des anderen Ehegatten. Es gibt, wenn das Paar sich nicht einigen kann, jedoch eine Möglichkeit: und zwar das sogenannten Wohnungszuweisungsverfahren. Dabei kann ein Ehegatte gegen den anderen ein Wohnungszuweisungsverfahren einleiten, wenn ein weiteres Zusammenleben in der Trennung eine unbillige Härte darstellen würde. Dies ist oft der Fall, wenn Kinder involviert sind und unter den Streitigkeiten der Eltern massiv leiden.

Im Falle von Anna und Paul war es schlussendlich so,

dass Paul das Feld geräumt hat, aus Reue und Schuldgefühlen, dass er Anna betrogen hat, wie er selbst sagte.

Da das Haus im Wert von 550.000 € noch in Höhe von 400.000 € belastet war, war schnell klar, dass Anna mit den Kindern nicht ewig dort wohnen konnte. Dazu war die Kreditrate für das Haus einfach zu hoch. Somit wurde das Haus schlussendlich verkauft.

Ich fasse zusammen, dass eine gemeinsame Immobilie, wenn man eine Zugewinngemeinschaft ist und keine Gütertrennung vereinbart hat, im Falle einer Trennung entweder verkauft und der Erlös hälftig geteilt wird, oder einer der beiden Ehepartner in dem Haus bleibt (wenn er die Rate bedienen kann), und der andere Miteigentümer sodann durch den geldwerten Vorteil, den der andere hat, Miete verlangen kann.

Im Endeffekt zeigt sich in meiner beruflichen Praxis, dass es meistens nicht gelingt, finanziell weiterhin verwoben zu sein. Besser ist es, im Falle einer Trennung und sich anschließender Scheidung die Vermögenswerte und Konten zu trennen und bestehendes Sparvermögen zu teilen. Dann ist man sauber aus der Nummer raus.

Umgangsrecht

Der getrennt lebende Elternteil, der die Kinder nicht betreut, hat nicht nur das Recht, sondern auch die Pflicht, regelmäßig Umgangskontakte zu pflegen. Im Umkehrschluss bedeutet dies zugleich, dass der betreuende Elternteil dazu in der Lage sein muss, Umgang zu gewähren.

Jetzt denkst du vielleicht: »Ja klar, ist doch logisch.« Wenn das für alle so logisch wäre, wären Anwältinnen beinahe arbeitslos. Leider ist das vielen Elternteilen, und häufig sind es die Mütter, das muss ich an dieser Stelle aus Erfahrung sagen, ganz und gar nicht klar. Viele glauben, dass, wenn der Partner sie enttäuscht, belogen und betrogen oder sogar geschlagen und gedemütigt hat, dieser »abscheuliche

Mensch« kein Recht mehr auf die gemeinsamen Kinder hat. Aber stopp! Natürlich ist es schlimm, wenn man emotional betrogen und enttäuscht wurde. Natürlich möchte man als Mama vielleicht nicht, dass die neue Partnerin des Exmannes die eigenen Kinder betreut, Spaß mit ihnen hat. Auf jeden Fall ist es kein schönes Gefühl, wenn der Ex keinen Kindesunterhalt zahlt, du dich durchkämpfst und er den tollen Wochenendpapa spielt. Aber all diese Gründe berechtigen nicht dazu, die Verbindung zwischen Vater und Kind zu blockieren oder zu zerstören.

Wenn ich eine Mutter in meiner Kanzlei vor mir sitzen habe, die mir sagt: »Ich will, dass er die Kinder nie wiedersieht«, zeige ich ihr klar auf, was ich davon halte und weise zugleich darauf hin, dass die Kinder nichts mit dem Ende der Paarbeziehung zu tun haben. Es geht, wenn es um Kinder geht, nicht mehr um die Paarebene, sondern um die Elternebene, und Eltern sind nun einmal Eltern fürs Leben. Ob sie es wollen oder nicht. Besser also, man arrangiert sich mit der Situation.

Das habe ich natürlich auch Anna geraten, als sie mir sagte, sie wolle nicht, dass die Kinder die neue Freundin ihres Vaters kennenlernen und sie wolle nicht, dass die Kinder Umgang mit dem Vater haben, wenn die »Tussi« dabei ist. Verständlich, klar. Aber wie gesagt: Die Kinder haben damit nichts zu tun! Anna war gut damit beraten, sich bindungstolerant zu zeigen.

Nachdem sie diverse Male dafür gesorgt hatte, dass Paul seine Kinder nicht abholen durfte, beschritt Paul nämlich den gerichtlichen Weg. Das war sein gutes Recht. Ich hätte an seiner Stelle das Gleiche getan. Er klagte auf Umgang mit beiden Kindern in einem zweiwöchigen Turnus, jeweils Freitag ab 16 Uhr bis sonntags 17 Uhr.

Das war eine Katastrophe für Anna, die mir verzweifelt den Antrag an das Familiengericht vorlegte. Sie hatte tausend Einwände dafür, dass Paul seine Kinder nicht zu sich nehmen könne: Er sei zu faul und koche nie, er könne mit den Kindern nicht umgehen, er habe sie ja auch früher nie gewickelt. Er trinke sich am Wochenende gerne mal einen an, er spiele Playstation und sei kein gutes Vorbild …

Wenn du wüsstest, wie oft ich schon Mandantinnen in der Kanzlei hatte, die mir fast eine gebundene Ausgabe an Argumenten gegen den Umgang mit dem Kindesvater präsentierten … Meist – wenn auch oft verständlich in ihrer oft nachwirkenden Kränkung – noch stolz darauf, nun endlich einmal zu zeigen, was für ein schlimmer Mensch der Kindesvater doch ist. Ich denke dann: Ihr wart lange verheiratet, ihr hattet offensichtlich auch einige intime Momente, sonst gäbe es die Kinder nicht. Vielleicht ist er, wenn man es sachlich betrachtet, gar kein Monster. Es liegt unter Umständen nur daran, einen Schritt zurückzutreten und sich zu überlegen, welchen Rat man einer Freundin im Sinne der Kinder geben würde. Oder?

In der familienrechtlichen Verhandlung wurde der Richter gegenüber Anna ziemlich deutlich: »Der Kindesvater hat das Recht auf die Kinder, genau wie Sie. Und wenn Sie nicht in der Lage sind, dies zu akzeptieren und den Umgang weiterhin nicht gewähren, müsste überlegt werden, Ihnen die elterliche Sorge zu entziehen, da Ihr Verhalten kindeswohlgefährdend ist.«

Ich ließ die Verhandlung unterbrechen, um erneut auf Anna einzuwirken, was letztlich auch gelungen ist. Mittlerweile laufen die Kontakte zwischen Paul und den Kindern auf einer besseren Ebene, und das ist gut so!

In vielen Verfahren ist es so, dass Sachverständigengutachten zu der Frage eingeholt werden, wie viel Umgang dem Kindeswohl dienlich ist. Aber glaub mir, Sachverständigengutachten sind kein Spaß. Hier geht ans Eingemachte, denn: Vater und Mutter werden genau unter die Lupe genommen, so wie auch die gemeinsamen Kinder. Keine schöne Situation, oder?

Bevor ich zum nächsten Punkt, dem Sorgerecht im Falle einer Scheidung komme, weise ich darauf hin, dass du immer, wenn du Probleme hast, was den Umgang mit deinen eigenen Kindern angeht, zuerst das Jugendamt aufsuchen solltest. Erst wenn das Jugendamt keine Lösung mit dir und deinem Partner finden konnte, ist der Weg zum Familiengericht frei.

Das Sorgerecht

Grundsätzlich ist es so, dass beide Ehepartner die hälftige elterliche Sorge innehaben, wenn das Kind in die Ehe hineingeboren wurde. So war es auch bei Anna und Paul.

Eine Trennung mit sich einer daran anschließenden Scheidung ändert daran nichts. Das Sorgerecht ist ein massiver Eingriff und aus diesem Grund sind Anträge zur Übertragung der elterlichen Sorge nur unter bestimmten Voraussetzungen möglich.

Anna und Paul konnten zu irgendeinem Zeitpunkt im Trennungsjahr wieder gut miteinander umgehen. Der Grund? Mit der Zeit hatte Anna sich mit der Trennung arrangiert, die Kinder hatten guten Umgang mit Paul. Dieser wiederum zahlte die Unterhaltsbeträge regelmäßig und Anna hatte wieder einen neuen Partner gefunden.

Die Immobilie war auseinandergesetzt,und schließlich erschienen Anna und Paul in trauter Zweisamkeit sogar zusammen zum Scheidungstermin.

»Wir sind mit einem Auto gekommen, wir sind nun gute Freunde«, rief Anna mir strahlend entgegen, während ich auf sie vor dem Sitzungssaal im Familiengericht bereits gewartet hatte. Toll, oder? So kann es gehen. Das ist zwar nicht die Regel, aber bei Weitem auch keine Ausnahme.

Der Familienrichter eröffnete die Sitzung und ich hatte Anna und Paul zuvor mitgeteilt, dass ein Scheidungstermin in der Regel maximal zehn Minuten gedauert.

Dabei wurden die in Scheidungsverfahren üblichen drei Fragen gestellt:

- Wann haben Sie geheiratet?
- Wann haben sie sich getrennt ?
- Und möchten sie immer noch geschieden werden?

Sodann wurde der Versorgungsausgleich erörtert, Stichwort Rente. Am Ende wurde der Scheidungsbeschluss verlesen, und wenn die Rechtskraft des Scheidungsbeschlusses eintritt, was in der Regel ca. einen Monat dauert, können die ehemaligen Eheleute, wenn sie möchten, ihren Mädchennamen wieder annehmen.

Also, alles wie vor der Heirat im Prinzip, außer, dass nun der Status »geschieden« geführt wird, anstatt »ledig« oder »verheiratet«.

Aber damit kann man gut leben, und der Weg ist frei für eine neue Partnerschaft.

Die 11 häufigsten Irrtümer bei Scheidungen

Ich denke, durch die Lektüre dieses Buchs ist dir schon klar geworden, dass es von Vorteil ist, nicht auf die Meinung von Laien zu vertrauen, sondern jenen Menschen, die tatsächlich davon leben, Scheidungsverfahren rechtlich zu begleiten. Am besten ist es, du suchst dir deine Vertrauensperson aus und diskutierst die Einzelheiten deiner Trennung nicht mit anderen, die ihre Trennung schon hinter sich haben. Und am besten auch nicht in Foren, wo viele durch Halbwissen glänzen.

Den folgenden Irrtümern begegnet man häufig:

- *Irrtum 1 – Bei Scheidung wird die elterliche Sorge entzogen:* Totaler Quatsch. Wenn sich die Eheleute einig sind, üben beide Elternteile das Sorgerecht weiterhin gemeinsam aus.

- *Irrtum 2 – Wenn kein Kindesunterhalt bezahlt wird, wird das Sorgerecht entzogen:* Auch dies ist ein Irrtum. Diese beiden Dinge haben familienrechtlich nichts miteinander zu tun. Das eine betrifft die Zahlung von Geld für das Kind und das andere betrifft das Treffen gemeinsamer Entscheidungen für das Kind.
- *Irrtum 3 – Bei Drogenkonsum eines Elternteiles wird die Sorge entzogen:* Man sollte meinen ja, aber dies ist nicht so. Solange der drogenkonsumierende Elternteil Entscheidungen treffen kann, wird das nicht als Grund gesehen, die Sorge zu entziehen.
- *Irrtum 4 – Im Scheidungstermin möchte der Richter den Personalausweis sehen:* Dies ist auch schon lange nicht mehr so. Da persönliche Erscheinen der Beteiligten ist zwar Pflicht, aber ein Personalausweis muss in aller Regel nicht vorgelegt werden.
- *Irrtum 5 – Ein Ehevertrag kann nur vor der Hochzeit geschlossen werden:* Dies stimmt nicht. Eheverträge können zu jedem Zeitpunkt vor der Ehe, während der Ehe und sogar innerhalb der Trennungsphase geschlossen werden. Wenn Eheverträge z. B. im Zuge einer Trennung geschlossen werden, heißen sie meist Trennungs- oder Scheidungsfolgevereinbarungen.
- *Irrtum 6 – Bei einer einvernehmlichen Scheidung kann man auf den Anwalt verzichten:* Stimmt nicht, denn in einem Scheidungsverfahren gilt Anwaltszwang. Der Scheidungsantrag kann nur von einem Rechtsanwalt eingereicht werden. Es ist jedoch möglich, dass sich lediglich eine Partei eine Rechtsanwältin nimmt und die andere Partei dem Scheidungsantrag zustimmt. Somit entstehen die Anwaltskosten lediglich einmal und könnten unter den Eheleuten dann hälftig geteilt werden.

- *Irrtum 7 – Ehegatten haften immer für die Schulden des jeweils anderen:* Dies ist auch falsch. Allein die Tatsache, dass man verheiratet ist, begründet nicht, dass für die Schulden des jeweils anderen eine Haftung entsteht. Ehegatten haften nur für die Schulden des jeweils anderen, wenn sie die Verbindlichkeiten gemeinsam eingegangen sind oder sich für den anderen verbürgt haben.
- *Irrtum 8 – Beim Wechselmodell gibt es keinen Kindesunterhalt:* Nein! Auch wenn Eltern die Kinder bei einem Wechselmodell diese zu annähernd gleichen Teilen betreuen, besteht dennoch Barunterhaltspflicht. Die Höhe wird dann prozentual anhand des Einkommens errechnet.
- *Irrtum 9 – Ehen mit einer Ehezeit unter drei Jahren können einfach so aufgehoben werden:* Nein! Auch Ehen unter drei Jahren müssen normal geschieden werden. Eine Eheaufhebung ist an sehr enge Voraussetzungen geknüpft.
- *Irrtum 10 – Getrennte Konten bedeuten Gütertrennung:* Stimmt nicht! Getrennte Konten oder nicht. Entscheidend für den Güterstand ist das nicht. Sofern keine anderweitige notarielle Regelung geschlossen wurde, befinden sich Eheleute in dem gesetzlichen Güterstand der Zugewinngemeinschaft.
- *Irrtum 11* – Der Lottogewinn gehört allein dem Gewinner: Stimmt nicht! Ein Lottogewinn fällt in den Zugewinn. Hat das Ehepaar jedoch Gütertrennung vereinbart, so gehört der Lottogewinn tatsächlich alleinig dem Gewinner.

Briefing für das erstes Gespräch mit deiner Scheidungsanwältin

So, nun ist es soweit. Du hast endlich einen Termin bei deinem Scheidungsanwalt vereinbart. Ich empfehle dir, dort nicht unvorbereitet hinzugehen.

Wenn du dich gut auf das Gespräch vorbereitest, machst du es dir und deiner Anwältin sehr viel einfacher.

Du fragst dich, wie der Termin ablaufen wird? In der Regel wirst du von einer Mitarbeiterin in der Kanzlei empfangen und möglicherweise gebeten, einen Mandantenaufnahmebogen auszufüllen. So hat deine Scheidungsanwältin vorab schon einmal einige persönliche Informationen. Bei uns in der Kanzlei enthält der Mandantenaufnahmebogen auch Fragen zu deinem Heiratszeitpunkt und zu gemeinsamen Kindern; aber das machen die Rechtsanwälte unterschiedlich.

Nachdem du im Wartezimmer Platz genommen und den Bogen ausgefüllt hast, ruft dich deine Scheidungsanwältin auf und bittet dich, mit in ihr Büro zu kommen. Das erste Kennenlernen ist wichtig, um herauszufinden, ob ihr menschlich zueinander passt. Es ist kein Geheimnis, dass nicht jeder Scheidungsanwalt zu jedem Mandanten passt und natürlich auch umgekehrt.

Ich gebe dir ein Beispiel: In unserer Kanzlei gibt es keinen besonderen Dresscode, was bedeutet, dass jedes Kanzleimitglied zwar gepflegt, aber individuell angezogen ist. Das führt natürlich dazu, dass auch unsere Mandantschaft bunt gemischt ist. Es gibt jedoch viele Anwaltskanzleien, in denen die Rechtsanwälte ausschließlich in Anzügen und Kostümen herumlaufen, was selbstverständlich ebenfalls eine spezielle Klientel anzieht. Du wirst im ersten Gespräch merken, ob es zwischen euch passt oder nicht.

In der Regel nimmt man sich für ein erstes Gespräch mindestens eine halbe Stunde Zeit, um die Situation zu erfassen.

Erzähl in deinem ersten Gespräch, wie deine Situation ist und sage deiner Scheidungsanwältin, was du möchtest und was du von ihr erwartest.

Beantworte Fragen darüber hinaus wahrheitsgemäß. Nur wenn dich deine Scheidungsanwältin richtig einschätzen kann, kann sie für dich das Beste erzielen.

Im besten Fall hast du deine Heiratsurkunde und die Geburtsurkunden eurer gemeinsamen Kinder bereits in Kopie dabei. Auch solltest du eine ladungsfähige Anschrift deines Expartners zur Hand haben, damit deine Scheidungsanwältin diesen, sofern erforderlich, auch anschreiben kann.

Sag deiner Scheidungsanwältin, ob du dich lediglich anwaltlich beraten lassen möchtest, weil du dir noch gar nicht sicher bist, ob du dich trennen willst, oder ob du den Termin gemacht hast, da du die Scheidung möchtest, weil das Trennungsjahr bereits abgelaufen ist.

Sei bei deinen Erzählungen nicht zu ausufernd, sondern halte dich an die Fakten.

Natürlich rechnet jede Scheidungsanwältin damit, dass mal geweint wird oder dass Mandantinnen sich in Details verlieren, aber dennoch ist die Zeit bei eurem ersten Termin zumindest auch ein Faktor, den du effektiv nutzen solltest.

Frage in dem Gespräch bitte, welche für Kosten auf dich zukommen, wenn eine anwaltliche Tätigkeit aufgenommen wird. Auf jeden Fall kommt zusätzlich eine Beratungsgebühr auf dich zu, die du zahlen musst. Diese schwankt zwischen 100 und 190 € netto und wird je nach Anwalt direkt in der Kanzlei gezahlt oder es ergeht eine Rechnung.

Wenn allerdings anwaltliche Schreiben verfasst werden oder ein Scheidungsantrag gestellt wird, entstehen weitere Kosten. Eine Rechtsanwältin rechnet entweder nach dem

Rechtsanwaltsvergütungsgesetz ab oder nach Stundenlohn. Frage deine Scheidungsanwältin, wie sie es damit hält. Schäme dich auch nicht, wenn du um eine Ratenzahlungsmöglichkeit bitten musst. Bei uns in der Kanzlei ist dies kein Problem; bei Zahlungswilligkeit kann man, meine ich, über alles sprechen.

Es gibt Rechtschutzversicherungen, die die Kosten für ein erstes Beratungsgespräch übernehmen. Einige wenige zahlen auch anteilig die Kosten für das gerichtliche Verfahren. Erkundige dich am besten bei deinem Rechtschutzversicherer.

Auch solltest du, sofern du Bürgergeld erhalten solltest, dies ganz offen ansprechen. Für bedürftige Menschen oder Geringverdiener gibt es die Möglichkeit der Beratungshilfe und der Verfahrenskostenhilfe. Hierzu muss dir deine Scheidungsanwältin ein Formular aushändigen, das du in Ruhe ausfüllst, den Bürgergeldbescheid beifügst, unterschreibst und dann zurück zu den Akten reichst.

Wenn bei dir die Voraussetzungen zur Bewilligung von Verfahrenskostenhilfe vorliegen, werden die Kosten für deine Verfahren, sofern nicht mutwillig, von der Landeskasse übernommen. Deine Rechtsanwältin rechnet dann gegenüber der Landeskasse ab. Deine Einkommenssituation kann allerdings bis zu vier Jahre nach der Bewilligung überprüft werden. Wenn sich dein Einkommen somit erhöht, kann es sein, dass du die entstandenen Kosten an die Landeskasse zurückerstatten musst.

Ach ja, schalte dein Handy bei deinem Termin aus, das finde ich einfach höflicher. So, nun bist du für deinen ersten Termin beim Scheidungsanwalt vorbereitet.

Sollte der Worst Case geschehen, und du findest deinen Scheidungsanwalt unsympathisch, dann hast du die Möglichkeit, dir einen anderen Rechtsanwalt auszusuchen. Im schlimmsten Fall musst du die Beratungsgebühr ein zweites Mal berappen. Aber ich denke, das lohnt sich immer noch für dich, denn schließlich geht es um etwas.

Achtung: Wenn du Beratungshilfe erhältst, somit dein Gespräch nicht selbst zahlen musst, dann erhältst du die Beratungshilfe nur einmal. Wenn du also einen zweiten Anwalt konsultieren möchtest, wäre dies nicht mehr über Beratungshilfe gedeckt. Du müsstest diese Gebühr somit selbst zahlen.

Die Frage: »Ach, die Beratung kostet etwas?« kommt übrigens überhaupt nicht gut an. Natürlich ist es eine Dienstleistung, die erbracht wird, und natürlich kostet diese auch etwas. Ich erkläre es meinen Mandantinnen, die so eine Frage stellen, oft so: »Wenn Sie zum Bäcker gehen und dort zehn Brötchen kaufen, dann wundern Sie sich am Ende doch auch nicht, dass die Brötchen etwas kosten, oder?« Natürlich ist unsere Dienstleistung nichts zum Anfassen, sie ist eine geistige Leistung. Aber nur weil man diese geistige Leistung nicht sieht, ist es dennoch Arbeit, und oft keine einfache. Da du aber dieses Buch gelesen hast, wirst du dieses Fettnäpfchen gewiss auslassen.

Sieh davon ab, deinen Scheidungsanwalt jeden einzelnen Tag anzurufen, um zu fragen, ob es etwas Neues gibt. In der Regel leiten wir Rechtsanwälte eingegangene Schreiben, Termine und allgemeine Informationen unverzüglich und zur Kenntnisnahme an die Mandantinnen weiter. Es geht daher nicht schneller, wenn jeden Tag eine Nachfrage kommt. Im Gegenteil: Es hindert den Kanzleiablauf, der letztlich aus Aktenstudium, Akten suchen, Schriftsätze diktieren und schreiben, Aufnahme neuer Mandanten, Gerichtstermine wahrnehmen u. v. m. besteht. Also übe dich ein wenig in Geduld, deine Scheidungsanwältin wird es dir danken.

Wenn du allerdings über mehrere Monate nichts hörst, solltest du skeptisch werden!

Das Schlusswort

Eine Scheidung ist kein Versagen. Wenn du dich gerade in einer Trennungssituation befindest oder die Trennung vollziehen möchtest, mache dir immer bewusst: Du hast nur dieses eine Leben! Und häufig, wie ich finde, sehr häufig, leben getrennte bzw. geschiedene Eheleute glücklicher als während der letzten Jahre in der Ehe.

- Wieso solltest du also in einer Situation verharren, die dich unglücklich macht?
- Wieso solltest du, nur weil ihr gemeinsame Kinder habt, bei einem Mann bleiben, der dich lähmt oder bedroht und beleidigt oder einfach nur noch langweilt?
- Wieso solltest du nicht die Chance haben, wieder glücklich zu werden? Alleine oder mit einem anderen Partner oder einer Partnerin sei dahingestellt.

Ich habe ja auch schon Trennungen durchlebt, und ich bin wirklich eine Frau, die bei Trennungen oft tief gelitten hat. Aber was hat es mir letztlich gebracht? Außer das eine oder andere Weinfältchen mehr und einer traurigen Stimmung überhaupt nichts. Nein! Man muss aufstehen, neuen Mut und Lebensfreude finden und weiter seinen Weg gehen.

Wenn ich dir mit diesem Buch helfen konnte, dass du deinen Weg weitergehst und du nun ein Stück weit deine eigene Trennungsratgeberin geworden bist, dann macht mich das glücklich.

Wo immer du, die das jetzt gerade liest, jetzt auch bist: Fühl dich von mir innerlich umarmt, verstanden und motiviert.

Meine beste Freundin hat mir einmal ein Bild gemalt mit den Worten: Du kannst immer wieder neu anfangen. Ich habe es geschafft. Du kannst das auch!

§ Anhang

Quellen- und Literaturverzeichnis

BGB – nichtamtliches Verzeichnis – Gesetze im Internet – www.gesetze-im-internet.de/bgb

Erklärung über die persönlichen und wirtschaftlichen Verhältnisse bei Prozess- oder Verfahrenskostenhilfe (justiz.de) https://justiz.de/service/formular/dateien/zp1a.pdf

FamFG – nichtamtliches Verzeichnis – Gesetze im Internet – www.gesetze-im-internet.de/famfg/

Günther, Sandra/Marquardt, Ruth: Wenn Liebe toxisch wird. Goldegg Verlag 2023.

https://weisser-ring.de/tipps-gegen-stalking

n-tv – https://www.n-tv.de/leben/Was-das-Coming-out-des-Partners-bewirkt-article22854220.html

Parship.de – In fremden Betten – Mehrheit der Deutschen bereut Untreue nicht (parship.de); www.parship.de/studien/parship-studie-in-fremden-betten-mehrheit-der-deutschen-bereut-untreue-nicht/ – abgerufen am 30. 04. 2024.

RVG – nichtamtliches Verzeichnis – Gesetze im Internet – www.gesetze-im-internet.de/rvg/

Unterhaltsleitlinien der Oberlandesgerichte aus 2024 – www.olg-hamm.nrw.de/infos/Hammer_Leitlinie/index.php.

www.famrz.de/arbeitshilfen/unterhaltsleitlinien.html.
www.laecheln-und-winken.com/2021/08/09/frauenhaeuser-fragen-und-antworten/.
www.olg-hamm.nrw.de/infos/Hammer_Leitlinie/index.php.
Zahlungskontengesetz und Basiskonto –www.bundesfinanzministerium.de/Monatsberichte/2018/09/Inhalte/Kapitel-3-Analysen/3–4-Zwei-Jahre-Zahlungskontengesetz-in-Deutschland.html.
ZPO – nichtamtliches Verzeichnis – Gesetze im Internet – www.gesetze-im-internet.de/zpo/.

Unsere Leseempfehlungen …

Ruth Marquardt, Sandra Günther

Wenn Liebe toxisch wird

Wie du Warnsignale erkennst, dich aus einer toxischen Beziehung befreist und wieder zu dir findest

Das Buch der TV-Rechtsexpertin und der TV-Familienexpertin – mit Hilfe aus der Praxis!
Es beginnt mit kleinen abwertenden Bemerkungen. Es endet mit psychischen und sogar physischen Verletzungen: Das zerstörerische Gift schleicht sich unauffällig in die Beziehung. Und es kann jede treffen.

Oft wird der Zeitpunkt, die Beziehung zu beenden, bevor Schlimmeres passiert, übersehen. Toxische Beziehungsmuster zerstören das Selbstbewusstsein und führen häufig sogar zu Gewalt.

Thomas Wilhelm Albrecht

Die besondere Kraft der achtsamen Sprache – Wie wir reden, bestimmt unser Leben

Wie wir reden, wirkt sich auf uns selbst, aber auch auf unser Umfeld aus. Eine Spirale beginnt sich zu drehen und entfaltet eine Eigendynamik. Sie führt zu einem konstruktiven Miteinander oder zu einer Auseinandersetzung. Wir können klar in der Sprache, aber dennoch achtsam sein. Alles fängt beim inneren Monolog an und setzt sich in der Kommunikation mit Menschen fort, denen wir begegnen: Ob wir uns und andere motivieren, anspornen, beruhigen, abwerten oder ärgern. Diese Mechanismen sind ständig vorhanden und regieren unsere Welt im Kleinen wie im Großen.

Melanie Pignitter

Federleicht

Wie du loslässt und ein befreites und erfülltes Leben führst

Ohne Vorwarnung knallte ein Schmerz in Melanies Leben, der sie für immer veränderte. Alle Leichtigkeit war dahin und sie konnte sich nicht vorstellen, je wieder glücklich und unbeschwert zu sein.

Doch es gelang ihr! Federleicht ist ihr Leben heute. Denn die Mentaltrainerin stellte sich einem Prozess des inneren Aufräumens. Sie ließ los – und fand dabei ihren eigenen Weg in Akzeptanz, Vertrauen und innerer Stärke. Diese hilft ihr, Schwierigkeiten zu meistern und Sorgen aus einer anderen Perspektive zu betrachten. Heute stellt sie ihrer großen Community ihr Wissen und ihre Erfahrungen zur Verfügung und zeigt in diesem Buch, wie es gelingen kann, ein befreites Leben zu führen.

Sophie Lauenroth

Du darfst heilen

Wie deine Erziehung dich geprägt hat,
du innere Verletzungen hinter dir lässt und
du ganz auf dich vertrauen kannst

Die bekannte Psychologin, TikTokerin und Influencerin *psychologin_sophie* mit ihrem ersten Buch!
Wir alle werden von dem beeinflusst, was wir in der Kindheit erlebt haben. Kleine und große Traumata machen sich oft erst im Erwachsenenleben bemerkbar. Den meisten Menschen ist nicht bewusst, dass innere Wunden, verzerrte oder unterdrückte Erinnerungen uns in vielen Alltagssituationen lenken.

In diesem Buch führt die Psychologin mit ihrer Methode „Verstehen – Verändern – Vertrauen“ in drei aufeinander aufbauenden Schritten die Leser:innen zu nachhaltiger Heilung und dazu, die eigene Vergangenheit zu verarbeiten und neues Vertrauen in sich selbst aufzubauen.